MARCO POLO

ISTANBUL

Reisen mit Insider Tipps

İstanbul lädt Sie zu einer märchenhaften Reise ein. Die Metropole auf zwei Kontinenten ist eine einzigartige Mischung aus Tradition und Moderne. Minarette treffen hier auf Bürotürme, Schleier mischen sich mit Miniröcken: Willkommen am Bosporus!

MARCO POLO Autoren Dilek Zaptçioğlu und Jürgen Gottschlich
(siehe S. 138)

Spezielle News, Lesermeinungen und Angebote zu İstanbul:
www.marcopolo.de/istanbul

İSTANBUL

> SYMBOLE

Insider Tipp **MARCO POLO INSIDER-TIPPS**
Von unseren Autoren für Sie entdeckt

★ **MARCO POLO HIGHLIGHTS**
Alles, was Sie in İstanbul kennen sollten

SCHÖNE AUSSICHT

WLAN-HOTSPOT

▶▶ **HIER TRIFFT SICH DIE SZENE**

> PREISKATEGORIEN

HOTELS

€€€ ab 150 Euro
€€ 80–150 Euro
€ bis 80 Euro

Die Preise gelten für zwei Personen im Doppelzimmer mit Frühstück pro Nacht

RESTAURANTS

€€€ ab 30 Euro
€€ 15–30 Euro
€ bis 15 Euro

Die Preise gelten für ein Essen mit Suppe, Haupt- und Nachspeise und Getränk

> KARTEN

[120 A1] Seitenzahlen Koordinaten Cityatlas İstanbul und die Übersicht İstanbul mit

[0] außerhalb de Kartenaussch

Zu Ihrer Orientierung s auch die Objekte mit K naten versehen, die ni Cityatlas eingetragen s

DIE BESTEN MARCO POLO INSIDER-TIPPS .... UMSCHLAG
DIE BESTEN MARCO POLO HIGHLIGHTS ....

AUFTAKT ....

SZENE 12

STICHWORTE 16
EVENTS, FESTE & MEHR 20

SEHENSWERTES 22
ESSEN & TRINKEN 58
EINKAUFEN 70
AM ABEND 78
ÜBERNACHTEN 86
MIT KINDERN UNTERWEGS 94

INHALT

> SZENE

S. 12–15: Trends, Entdeckungen, Hotspots! Was wann wo in Istanbul los ist, verrät der MARCO POLO Szeneautor vor Ort

> 24 STUNDEN

S. 102/103: Action pur und einmalige Erlebnisse in 24 Stunden! MARCO POLO hat für Sie einen außergewöhnlichen Tag in İstanbul zusammengestellt

> LOW BUDGET

Viel erleben für wenig Geld! Die Low-Budget-Tipps zeigen Ihnen, wo Sie günstig etwas Besonderes bekommen und Geld sparen können:

Günstig Bootfahren S. 34 | Ein Eis in der Bucht essen S. 65 | Bademoden zu Schnäppchenpreisen S. 76 | Am Abend in die erschwingliche Hotelbar mit Cityblick S. 82 | Schlafen, wo Kultregisseur Fatih Akin drehte S. 93

> GUT ZU WISSEN

Zuschauersport S. 32 | Heißer Dampf S. 55 | Bücher & Filme S. 56 | Gourmettempel S. 62 | Spezialitäten S. 68 | Luxushotels S. 90 | www.marcopolo.de S. 108 | Blogs & Podcasts S. 110 | Was kostet wie viel? S 111 | Wetter S. 112 | Währungsrechner S. 113

AUF DEM TITEL

Der Große Basar und seine Handwerker S. 41
Auf die Piste in Tünel! S. 13

- STADTSPAZIERGÄNGE ... 96
- 24 STUNDEN IN İSTANBUL ... 102
- AUSFLÜGE & TOUREN ... 104

- PRAKTISCHE HINWEISE ... 108
- SPRACHFÜHRER TÜRKISCH ... 114

- CITYATLAS İSTANBUL MIT STRASSENREGISTER ... 118
- KARTENLEGENDE CITYATLAS ... 134

- REGISTER ... 136
- IMPRESSUM ... 137
- UNSERE AUTOREN ... 138

- BLOSS NICHT! ... 140

ENTDECKEN SIE İSTANBUL!

Unsere Top 15 führen Sie an die traumhaftesten Orte und zu den spannendsten Sehenswürdigkeiten

Die Highlights sind in der Karte auf dem hinteren Umschlag eingetragen

1 Archäologisches Museum
Wurde erbaut, um ein herausragendes Fundstück zu beherbergen: Der weltberühmte Alexandersarkophag ist Mittelpunkt des Museums (Seite 26)

2 Blaue Moschee
Vis-à-vis der Hagia Sophia ist der prächtige Bau die Antwort der muslimischen Architekten auf die christliche Herausforderung (Seite 28)

3 Hagia Sophia
Einst größte Kirche der Christenheit und heute Museum, ist die Hagia Sophia eines der eindrucksvollsten Kulturdenkmäler überhaupt (Seite 29)

4 Topkapı-Palast
Von hier aus wurde jahrhundertelang das Osmanische Reich regiert – der Palast war Wohnort des Sultans, Harem und Schatzkammer zugleich (Seite 32)

5 Yerebatan-Zisterne
Das versunkene Schloss ist die größte Zisterne İstanbuls (Seite 35)

6 Chora-Kirche
Die frühere byzantinische Kirche bewahrt die prächtigsten sakralen Mosaiken der Stadt und erzählt vom Glanz untergegangener Epochen (Seite 37)

7 Großer Basar
Eine schier unerschöpfliche Fundgrube – vom orientalischen Schnäppchen bis zur wertvollen Antiquität (Seite 41)

> DIE BESTEN MARCO POLO HIGHLIGHTS

8 Süleymaniye-Moschee
Konkurriert mit der Blauen Moschee um die Aufmerksamkeit der Touristen: die größte Moschee İstanbuls (Seite 42)

9 Galata-Turm
Von hier aus hat man einen herrlichen Überblick über die verwinkelte Geografie der alten Stadt (Seite 46)

10 İstanbul Modern
Eine Überraschung für jeden, der dachte, dass es in der Türkei keine zeitgenössische Kunst gibt (Seite 47)

11 İstiklal-Straße
Das pulsierende Herz der Stadt: Kunst und Kultur pur (Seite 47)

12 Nardis
Jazz vom Feinsten im Club am Galata-Turm: Nach Konzerten jammen hier internationale Stars (Seite 85)

13 Bebek-Hotel
Die Vorhänge öffnen und mit Blick auf den Bosporus einschlafen (Seite 88)

14 Bootsfahrt über den Bosporus
Vom Schiff aus erleben Sie İstanbul in seiner ganzen natürlichen und architektonischen Pracht (Seite 104)

15 Prinzeninseln
Nach der Hektik der Stadt eine Oase der Ruhe, die man bequem in einer guten Stunde erreicht (Seite 106)

WAS
FÜR
EINE
STADT!
Bosporus

AUFTAKT

> Jahrhundertealte Paläste spiegeln sich in gläsernen Bürotürmen – das ist die Silhouette İstanbuls. Man sieht Minarette und Kirchtürme, traditionelle Folklore mischt sich mit den Klängen der Jazzgruppen, und am Ufer des Bosporus treffen sich Schleier und Minirock wie nirgendwo sonst. Die Stadt ist ein Kleinod für Kenner traditioneller Kunst und archäologischer Fundstücke, genauso zieht sie aber auch die Liebhaber der schrillen Szene in Freiluftdiskos und Hip-Hop-Kneipen an. İstanbul ist die östlichste Stadt Europas und die westlichste Metropole des Orients. Lassen Sie sich auf ihren Zauber ein!

> Es ist ein einmaliges Schauspiel: am frühen Abend, auf einer Dachterrasse über dem Bosporus, langsam die Sonne im Goldenen Horn versinken zu sehen. Wenn das Wasser, wie der Name behauptet, einen goldenen Schimmer bekommt, die Silhouetten der Hagia Sophia, der Blauen Moschee und des alten Sultanspalasts in der Dämmerung verschwimmen und sich aus dem Marmarameer ein Ozeandampfer in den Bosporus schiebt. Jede berühmte Stadt zeichnet sich durch eine unverwechselbare Erinnerung aus: In İstanbul ist es der Sonnenuntergang vor einer einmaligen geografischen und historischen Kulisse.

Die alte, zwar etwas heruntergekommene, aber immer noch wunderschöne Dame İstanbul müssen Sie mit einem liebenden Auge betrachten, um ihr Chaos ertragen zu können. Zugegeben, man verliert leicht den Überblick – zum einen wegen der schieren Größe, zum anderen, weil İstanbul planlos der Laune seiner inzwischen auf 12 Mio. angewachsenen Bewohner überlassen wurde. Die Verwirrung wird auf den ersten Blick durch die geografische Lage noch verstärkt. Wenn Sie auf einen der sieben Hügel, auf denen die Stadt erbaut wurde, hochgeklettert sind und zwischen den Häusern das Wasser aufblitzen sehen, fragen Sie sich zunächst ratlos: Schaue ich nun auf das Marmarameer, das Goldene Horn oder den Bosporus? Dabei wird İstanbul gerade durch das Meer geordnet. Es trennt die Stadt in einen europäischen und einen asiatischen Teil. Am Goldenen Horn auf der europäischen Seite haben rund 700 Jahre v. Chr. Späher der griechischen Seemacht Megara an diesem für die Kontrolle der Schifffahrt strategisch so günstigen Ort die Siedlung Byzanz gegründet, deren Nachfahrin sich heute entlang des Bosporus schlängelt und ihre Fühler bis an die Ufer des Schwarzen Meeres ausstreckt.

> İstanbul wird vom Meer geordnet und geprägt

Shoppingbummel: Auf der prächtigen Einkaufsstraße Istiklal in Beyoğlu pulsiert das Leben

Deniz, das Meer, prägt İstanbul in jeder Hinsicht: Seine manchmal mehrmals täglich wechselnden Winde kennen am besten die Fischer. Mit den Strömungen ziehen abwechselnd die Seebarsch- oder die Sardinenschwärme durch die Meerenge. İstanbuler lieben den *poyraz* aus dem Nordosten und hassen den *lodos* aus dem Süden – bei *poyraz* wird es zwar

> *Hier leben Menschen aus aller Herren Länder*

etwas kühl, aber die Luft wird so rein, dass jedes Detail am gegenüberliegenden Ufer sichtbar wird. Bei *lodos* hingegen strömen schlagartig Wärme, Regen, Nebel und Smog herbei.

İstanbul ist eine Meisterin darin, nicht nur Physisches, sondern auch Geistiges immer wieder miteinander zu verbinden und zu versöhnen. Hier erleben Sie eine weltweit einmalige Synthese aus Orient und Okzident.

Moderne Shopping Malls neben jahrhundertealten Basaren, Hochhäuser zwischen altosmanischen Holzhäusern, Minirock neben Schleier – nirgendwo wird der Westen im Osten so sichtbar wie hier. Bereits auf der halbstündigen Fahrt von Europa nach Asien bekommen Sie einen Eindruck von der Vielfalt und atemberaubenden Mischung, die İstanbul zu bieten hat. Es genügt, den Kopf ein wenig zu wenden, um vom jahrhundertealten Sultanssitz, dem Topkapı-Palast, mit der darüber thronenden Hagia Sophia und einem ganzen Wald von Minaretten als eindrucksvoller orientalischer Kulisse nur wenige Kilometer entfernt die Bürotürme von Levent in den Blick zu bekommen.

Die 1973 zum 50. Jahrestag der türkischen Republik gebaute erste Hängebrücke über den Bosporus ist ein weiteres Wahrzeichen der Moderne – wenige Kilometer entfernt der hübsche Leanderturm im Meer, der angeblich gebaut wurde, um die Lieblingstochter eines Sultans vor einer bösen Prophezeiung zu retten. Weit größer als İstanbuls architektonische Vielfalt ist jedoch der bunte Mix seiner Bewohner. Über Jahrhunderte ist die Nase zwischen Bosporus und Marmarameer immer wieder von neuen Gruppen erobert und geprägt worden. Griechen und Römer, Perser und Kreuzritter, Tataren und Türken haben ihre Spuren hinterlassen. Aus allen Teilen des ehemaligen Osmanischen Reiches leben heute Nachkommen früherer Untertanen in İstanbul. Seit byzantinischen Zeiten gibt es Niederlassungen der Venezianer und Genuesen. Die Nachfahren der 1492 aus Spanien vertriebenen sephardischen Juden versuchen mit Mühe, ihre alte Kultur beizubehalten.

Vier von fünf Einwohnern İstanbuls sind erst in den letzten 40 Jahren aus Anatolien in die Stadt gekommen. Noch Mitte der 1960er-Jahre lebten hier nur 2,5 Mio. Menschen, und der größte Teil des heute dicht bebauten asiatischen Ufers bestand aus Sommerhäusern im Grünen oder war Wald und Weideland. Auch auf der europäischen Seite wucherte die Stadt vom Meer weg nach Norden

> ***60 Prozent der İstanbuler sind unter 30 Jahre***

mit Stadtvierteln, die mehr an anatolische Dörfer erinnern als an eine moderne Stadt. Mittlerweile ist der Zuzug abgeflaut, die Infrastruktur dem Zustrom angepasst worden. Die Stadtregierung will durch ambitionierte Projekte das Verkehrschaos beenden: Ein Bahntunnel unter dem Bosporus ist im Bau und wird das asiatische Üsküdar mit Yenikapı unterhalb des Topkapi-Palasts verbinden. Eine Stadtbahn auf der asiatischen Seite bis nach Kartal, und verschiedene neue Zufahrtsstraßen runden das Projekt ab. Schon die Seilbahn (*Finiculère*) von Kabataş nach Taksim erleichtert seit 2006 den İstanbuler Verkehr. Da Sie viel zu Fuß unterwegs sein werden, sollten Sie robustes Schuhwerk mitbringen!

Nichts hat İstanbul in seiner Geschichte so beängstigt wie große Brände und Erdbeben. Das Beben von 1999 ließ die Stadt buchstäblich erzittern und erinnerte sie daran, dass sie auch mit diesen Launen der Mutter Erde zurechtkommen muss. Seitdem laufen Projekte, um die Stadt auf ein neues Beben vorzubereiten. Aber die zum Teil sehr schlechte Bausubstanz lässt sich nicht ersetzen.

İstanbul besteht heute aus drei Zentren. Sultanahmet, wo die Hagia Sophia thront und die Blaue Moschee ihre sechs Minarette in den Himmel reckt, ist das historische Herzstück. Wie in jeder viel besuchten Weltstadt wird dieses Gebiet, einschließlich des Topkapı-Palasts und des Großen Basars, mehr und mehr zur touristischen Zone, aus der sich die Einheimischen zurückziehen. Dabei war die Gegend unterhalb von Sultanahmet bis vor 15 Jahren noch das Zeitungs- und Verlagszentrum İstanbuls und damit gleichzeitig die geistige Mitte der Türkei. Das geschäftliche und europäische Zentrum erstreckt sich heute zwischen Tünel-Platz und Levent, dem Teil der Stadt, der durch eine U-Bahn erschlossen ist. Die besten Wohngegenden liegen an der Bagdad-Allee auf der asiatischen Seite, die sich von Bostancı bis Kadıköy kilometerlang oberhalb des Marmarameeres hinzieht, und am Bosporus.

Obwohl fast 3000 Jahre alt, ist İstanbul eine erstaunlich junge Stadt: 60 Prozent der Einwohner sind unter 30. Es gibt es zehn große Universitäten, die Straßen sind voller junger Leute, die alle ihr Glück machen und ihren Altersgenossen in New York, Berlin oder Paris nicht nachstehen wollen. Und İstanbul ist schnelllebig. Ständig werden neue Geschäfte oder Cafés eröffnet, um dann manchmal schon nach wenigen Monaten wieder zu schließen. Die Wirtschaftskrise

> *Die heimliche Hauptstadt ist wieder erwacht*

macht sich seit Ende 2008 auch hier bemerkbar – die Arbeitslosigkeit gründer Kemal Atatürk nicht sie, sondern Ankara zu seiner Auserwählten machte, hat die Grande Dame souverän gemeistert. Nach der ersten Lähmung während der 1920er- und 1930er-Jahre, als die junge Republik all ihre Ressourcen in die neue Hauptstadt steckte und İstanbul langsam in einen Dämmerschlaf zu versinken drohte, ist die Vitalität der natürlichen Metropole wieder erwacht.

Symbol des jungen İstanbuls: Studenten am Tor der Universität in Beyazıt

stieg. Wen wundert es da noch, dass die Straßen zu jeder Tageszeit mit Bummlern voll sind?

Doch auch das wird sicherlich nur eine Fußnote in der langen Geschichte der Metropole am Bosporus bleiben. Von Byzanz über Konstantinopel bis İstanbul hat diese Stadt mehr Auf und Ab erlebt als die meisten anderen. Und dass der Republik-

Heute besitzt Ankara zwar das Etikett, aber İstanbul die meisten Attribute einer Hauptstadt. Hier sitzen das Geld, die Intelligenz, die Kunst und die Medien – in Ankara nur das betuliche, langweilige Pärchen Bürokratie und Diplomatie. Längst gilt wieder der etwas hochmütige, aber doch von den meisten ehrlich gemeinte Spruch: Das Schönste an Ankara ist der abendliche Rückflug nach İstanbul.

TREND GUIDE ISTANBUL

Die heißesten Entdeckungen und Hotspots! Ayla Yildiz scoutet Sie durch den Szene-Dschungel

Unser Szene-Scout

Ayla Yildiz pendelt zwischen Iserlohn und Istanbul. Die Journalistin betreibt eine eigene Webseite, für die sie die aktuellen Trends der sich ständig verändernden Metropole am Bosporus mitverfolgt *(www.ay34.de)*. Musik, Design und Lifestyle interessieren sie dabei am meisten. Besonders fasziniert sie das In-Viertel Tünel. Hier verbringt unser Szene-Scout spannende Tage.

FILME MIT BACKGROUND

Das junge Kino erobert die Stadt

Junge Filmemacher erzählen Geschichten, die berühren: Hüseyin Karabeys Film *My Marlon and Brando* ist eine Liebesgeschichte über die junge Türkin Ayca und ihre Reise in den Norden Iraks, um ihren Liebsten Hama Ali zu finden, einen Kurden. Und Nuri Bilge Ceylans Film *Three Monkeys* setzt sich sozialkritisch mit der Frauenrolle in der Türkei auseinander *(www.nuribilgeceylan.com)*. Politische Filme und Programmkino finden vor allem auf Festivals wie dem *If Independent Film Festival (www.ifistanbul.com,* Foto*)* oder in speziellen Lichtspielhäusern statt, wie dem *Yeşilçam Sinemasi (Yeşilçam Sok. 22, Beyoğlu, www.yesilcam.gen.tr)* oder der *Akademi İstanbul (İstiklal Caddesi, Bahçelihamam Sok. 3, K:2, Beyoğlu)*.

SZENE

KÜLTÜR

Moderne Kunst in Istanbul

Flachbildschirme flackern synchron an einer leeren Betonwand – eine künstlerische Reflexion zum Thema Medien und Raum. Das Zentrum für Kommunikation, Kultur und Kunst der Universität Bilgi in İstanbul organisiert seit einigen Jahren innovative Ausstellungen im Santral, eigentlich das Museum für Energie *(Eski Silahtarağa Elektrik Santril, Kazim Karabekir Cad. 2/6, Eyüp, www.santralistanbul.org, Foto)*. Moderne Kunst aus der Türkei genießt auf dem internationalen Markt einen guten Ruf. Dafür sorgen auch junge Galerien mit ausgefallenen Ausstellungen wie die *Galerie Splendid (www.galerisplendid.com)* oder *Contemporary Istanbul (Mete Cad. 10–11, Taksim, www.contemporaryistanbul.com)*. Künstlerin Gülay Semercíoğlu zum Beispiel überrascht mit innovativer Strickkunst. Ihre Wollobjekte und Tapisserien stehen im Portfolio der Galerie *Pi Artworks Istanbul (Galeri 1, Boğazkesen Cad. 76, Tophane/Beyoğlu)*.

MIKROKOSMOS

Tünel – das Trendviertel

In den Straßencafés von Asmalımescit bis zum Tünel-Platz verbringen Künstler, Musiker, Schauspieler und Designer ihre kreativen Pausen. Beliebte Anlaufstelle ist das *House Café*, das im Untergeschoss mit einem schicken Weinkeller glänzt. Über zwei Etagen erstreckt sich das Café, das in allen Filialen ein eigenes Einrichtungskonzept verfolgt *(Asmalı Mescit 9/1–2, Beyoğlu, www.thehousecafe.com.tr)*. Moderne Fotokunst an den Wänden, rote Sofaecken und weiße Holztische im Victorian-Look – das ist der Stil des *Otto Restaurant*, das zu später Stunde einen Club betreibt *(Amsalimescit Mah. Sehbender Sok. 8, Tünel, www.otto-restaurant.com)*. Am liebsten feiert die Szene jedoch im *Club Babylon (Seyhbender Sok. 3, Tünel, Asmalimescit, Beyoğlu, www.babylon.com.tr)*.

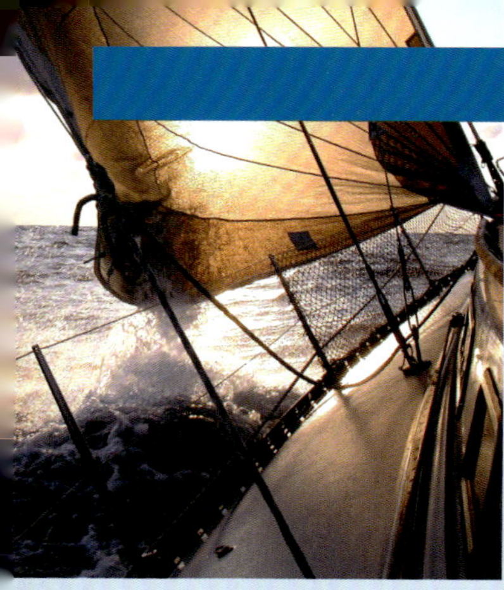

LEINEN LOS!

Schickes Schippern

İstanbul ist von Wasser umgeben: dem Schwarzen Meer, dem Marmarameer und dem Bosporus. Im Sommer veranstalten die Bootsbesitzer auf dem Bosporus kleine Rennen, doch der Andrang ist inzwischen so groß, dass ein Engpass in den Liegeplätzen besteht. Darum wurde 2009 eine neue Marina eingeweiht. Die Pendik-Marina ist die dritte Großmarina im Raum İstanbul und liegt südöstlich der Stadt auf der anatolischen Seite am Marmarameer *(www.pendik.bel.tr)*. Vier verschiedene Yacht- und Segelclubs befinden sich in İstanbul, unter anderem der *Istanbul Sailing Club (İstanbul Yelken Kulübü, www.istanbulyelken.org.tr)* und der *Marmaris International Yacht Club*; der organisiert regelmäßig Schnupperkurse und Tagestörns für kleine Gruppen *(Marmaris Belediyesi, Amiral Orhan Aydin Spro Tesisleri, www.miyc.org)*.

EXPERIMENTELLE SOUNDS

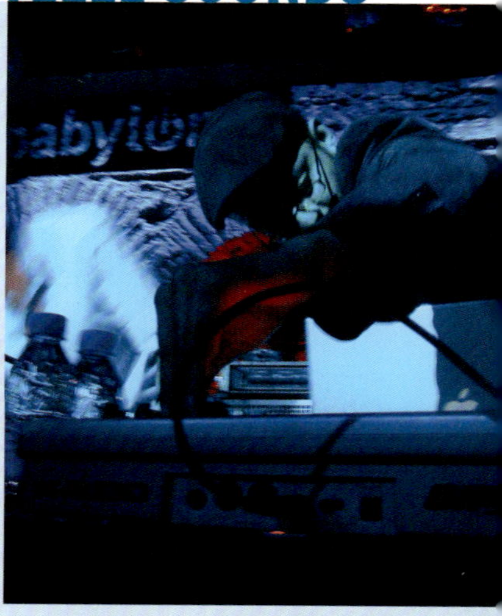

Musik abseits des Mainstreams

İstanbul zählt nicht erst seit Fatih Akins Dokumentarfilm über türkische Straßenbands zu den Hotspots der Underground-Musikszene. Die experimentellen Klänge von *Reverie Falls on All* könnten der Soundtrack eines mystischen David-Lynch-Films sein: Chorale Tonelemente reihen sich an elektronische Gitarrenklänge und orientalische Beats – einfach verzaubernd *(www.myspace.com/reveriefallsonall,* Foto*)*! Absoluter Geheimtipp für Livegigs alternativer Gruppen ist der *Peyote Club*. Zu später Stunde treten im Konzertsaal im Mittelgeschoss ausschließlich türkische Bands auf *(42 Kalyoncu Kulluk Caddesi, Beyoğlu, www.peyote.com.tr)*. Die Elektroband *Postband* steht mit ihrem Sound à la *Kraftwerk* inzwischen auf großen internationalen Bühnen *(www.postband.com)*. Das beste Update zur türkischen Musikszene holen sich Festivalfans beim *Pozitif Festival (www.pozitif-ist.com)*.

STILFRAGE

Vintage forever

Hornbrillen, Petticoatkleidchen oder das kleine Schwarze – Vintagekleidung ist gefragter denn je. Supermodel Kate Moss hat den Secondhandtrend salonfähig gemacht. Auf Mode im Retrolook der 30er- bis 70er-Jahre hat sich auch Model und Schauspielerin Ece Sükan in ihrem Vintageshop spezialisiert *(Ahmet Fetgari Sok. 152, Tesvikiye, www.ecesukanvintage.com, Foto)*. In der Boutique *Avantgarde East* versorgen sich Trendsetter mit kultigen Accessoires wie Art-déco-Schmuck oder Vintagebrillen von *Carrera (Süriye-Passage, İstiklal Caddesi)*. Designobjekte und Möbel aus zweiter Hand gibt's bei *Dank!* im Einkaufszentrum *Mayadrom Uptown (Otlukbeli Caddesi, Yol Sok., Etiler Alışveriş Merkezi, www.dank-design.com)*.

ZOFF – ZANK ... ... POING!

Das Comic-Revival

Wo früher Koranschüler studierten, befindet sich heute das *Institut für Komik und Illustration*. Man muss kein Student sein, um außerhalb der Vorlesungszeit die Workshops über türkische Satire und Karikatur zu belegen. Außerdem erwartet Interessierte auch eine humoristische Bibliothek, die ebenfalls der Öffentlichkeit zugänglich ist *(Atatürk Bulvarı Kovacılar Sok. 12)*. Wer sich lieber der Lektüre als dem Studium von Comics widmet, der sollte in den Comicshops *Gon (Gon Yeni Carşı Caddesi 34/A, Galatasaray, Beyoğlu)* oder *Gerekli (Ahmet Fetgarí Sok. 31A, Teşvikiye, www.gerekliseyler.com.tr)* vorbeischauen.

AUSGEZEICHNET!

Contemporary Turkish Cuisine

Ob Rohkost, Fusion oder eine Neuinterpretation der türkischen Küche, am Bosporus isst man up to date. Hollywood-Koch Chad Sanro betreibt mit dem *Saf* erfolgreich das einzige Rohkostrestaurant der Stadt *(SAF Akatlar, Club Sporium, Mayadrom Arkasi, Cumhuriyet Caddesi 4/8, Akatlar, www.safrestaurant.com)*. Eurasische Fusionküche mit französischen Akzenten ist das Markenzeichen des *Cezayir Restaurant (Hayriye Caddesi 12, Galatasaray, Beyoğlu. www.cezayir-istanbul.com)*. Das *CokCok* Thai-Restaurant zelebriert die asiatische Seite der Stadt mit einer Kombination aus traditionell türkischen und thailändischen Aromen *(Tepebaşı Meşrutiyet Caddesi 51, Beyoğlu, www.cokcok.com.tr, Foto)*.

> JUNGES, ALTES İSTANBUL

Ost und West, Jung und Alt: In İstanbul verschmelzen die Gegensätze zu einem lauten, aber freundlichen Miteinander

BOSPORUS

1680 machte der Italiener Ferdinando Marsigli eine wichtige Entdeckung, als er von einem Schiff eine mit weißen Korkstücken markierte Lotleine ins Wasser ließ: Die Strömung drückte die Leine zunächst westwärts. Am unteren Ende der Leine konnte er aber deutlich erkennen, dass die Korkstücke genau in die entgegengesetzte Richtung trieben. Damit war nachgewiesen, dass der Bosporus an der Oberfläche Wasser vom Schwarzen Meer Richtung Mittelmeer führt, in der Tiefe aber eine Strömung Wasser in die Gegenrichtung drückt.

Für alle Bewohner rund ums Schwarze Meer ist der Bosporus das Tor zur Welt. Schon die Griechen gründeten hier 667 v. Chr. die Siedlung Byzanz, um den Schiffsverkehr zu kontrollieren und Zölle zu erheben.

Bild: Szene im Straßencafé

STICH WORTE

Immer wieder wurde die Kontrolle des Flusses in den folgenden 2500 Jahren Gegenstand auch kriegerischer Auseinandersetzungen. Erst seit 1936 regelt das Abkommen von Montreux die Durchfahrt durch die 31 km lange Wasserstraße. Seit Jahren wächst die Befürchtung, ein Tankerunfall könnte die gesamten Ufer İstanbuls verseuchen. Seit 2003 sorgt ein hochmodernes Radarüberwachungssystem für eine größere Sicherheit am Bosporus.

ISLAM

Der Islam ist in der Türkei trotz der laizistischen Republik tief verwurzelt. Die große Mehrheit der İstanbuler sind sunnitische Muslime. Für sie gelten die fünf Pfeiler des Islam, darunter das fünfmalige Gebet am Tag, das Fasten im Ramadan und die Armenhilfe (*zekat*). Beim gemeinsamen Freitagsgebet (*cuma*) quellen die Gotteshäuser buchstäblich über, die Gläubigen beten auf den Bürgersteigen. Andere wichtige Eckdaten sind die Beschneidung der Jungen *(sünnet)*, die Hochzeit *(düğün)* und die als *Kandil* bezeichneten heiligen Tage in den drei Monaten vor dem Zuckerfest. Die alewitische Minderheit geht nicht in die Moschee, sondern in die eigenen Gemeindehäuser *(cemevi)* und hat andere Fastenregeln.

Für die kemalistischen, westlich orientierten Eliten waren ab 1923 sichtbare religiöse Praktiken verpönt. Die Säkularisierung in den Großstädten griff jedoch nicht auf das Land über. Die anatolischen Zuwanderer wurden umso religiöser, je weniger sie sich in İstanbul dem modernen Leben anpassen konnten. Eine konservativ-islamische Bewegung nahm sich in den 1980ern dieser verunsicherten Wählerschaft an und kam schließlich 2002 an die Macht. Nach einem zweiten Wahlsieg 2007 verloren die moderaten Islamisten jedoch bei den Kommunalwahlen im März 2009 Stimmen: Der Wähler sieht, dass Religion allein die sozialen Fragen nicht löst.

Die Verbreitung des Kopftuchs zeugt dennoch von der „Rückkehr der Religion" – vor allem in der Altstadt und in Üsküdar auf der asiatischen Seite. Es gibt zwei große Parallelgesellschaften der Konservativen und Modernen, die sich lieber aus dem Weg gehen. Die tief Gläubigen trinken keinen Alkohol und meiden die Vergnügungslokale.

Touristen sollten versuchen, sich so weit wie nötig den örtlichen Gegebenheiten anzupassen. An der Moscheetür werden die Schuhe ausgezogen, die Damen werfen sich dezent ein Tuch über den Kopf. Im Fastenmonat sollte man bis zum Sonnenuntergang nicht demonstrativ auf der Straße essen.

KONSTANTINOPEL

Konstantinopel wurde im Jahr 324 vom römischen Kaiser Konstantin zunächst als „Neues Rom" auf dem Gebiet des bereits seit fast 1000 Jahren existierenden Byzanz gegründet. Kurz vor seinem Tod ließ sich der Kaiser taufen und machte das Christentum damit zur Staatsreligion. Neben Konstantin prägten vor allem Kaiser Justinian (527–65) und seine Frau Theodora das Gesicht Konstantinopels. Justinian ließ die Hagia Sophia als größte Kirche der Christenheit erbauen, und während sich in Westeuropa das finstere Mittelalter ausbreitete, waren in Konstantinopel die berühmtesten Geister aus Kunst und Kultur versammelt.

Der Niedergang des Byzantinischen Reiches begann 1071, als es eine entscheidende Schlacht gegen die türkischen Seldschuken ungefähr an der heutigen türkisch-armenischen Grenze verlor. Der schleichende Machtverlust hatte sein Finale dann 400 Jahre später, als die Osmanen dem ohnehin sehr geschwächten Oströmischen Reich den Todesstoß versetzten und aus Konstantinopel İstanbul wurde.

MULTIKULTI

Das multikulturelle Erbe İstanbuls wird zunehmend in Büchern, Filmen, und Ausstellungen gefeiert. Zu den prägenden Gruppen gehören die

Nachfahren der 1492 aus Spanien vertriebenen Juden. Im Gegensatz zu anderen Minderheiten konnten sie sich stets ungestört entfalten. Heute kommen bekannte Industrielle wie die Alatons aus der jüdischen Gemeinde, die in den türkisch-israelischen Beziehungen eine wichtige Rolle spielen.

Negatives Gegenbeispiel ist die christlich-armenische Minderheit. Anfang des 20. Jhs. wurden Hunderttausende getötet und vertrieben. Heute leben noch 60 000 Armenier in der Stadt. Aufmerksame Besucher können armenische Zeitungen entdecken und Kirchen besuchen. Trotz der Auswanderungswellen in den 1920er- und 1960er-Jahren lebt die griechische Kultur wieder auf. Und auch die politischen Beziehungen der Nachbarländer haben sich im Zug der türkischen Annäherung an die Europäische Union stark verbessert.

WIRTSCHAFT

İstanbul ist das Finanz- und Wirtschaftszentrum der Türkei mit den Zentralen fast aller großen türkischen und ausländischen Unternehmen. Durch Investitionsförderung und Handelserleichterungen ist die Türkei zu einem attraktiven Standort im Nahen Osten geworden, wovon vor allem İstanbul profitiert. Die Wirtschaftskrise schlägt allerdings auch hier zu: Jeder dritte Hochschulabsolvent ist arbeitslos. Am schwersten ist jedoch das Leben für die unteren Bevölkerungsschichten: Der Mindestlohn für einen einfachen Arbeiter betrug im Jahr 2009 umgerechnet rund 350 Euro im Monat! Die krisenerprobten İstanbuler hoffen dennoch auf bessere Zeiten und wissen, dass sich die geografische Bestlage ihrer Stadt zwischen Europa und Asien langfristig rentieren wird.

OST-WEST-SYNTHESE PUR

Von tanzenden Derwischen und internationalen Filmtagen

> Von Klassikkonzerten in jahrhundertealten Kirchen bis hin zu Weltstars unter dem Sternenhimmel bietet İstanbul vor allem im Sommer eine Veranstaltung nach der anderen, die es sich anzusehen lohnt. Lassen Sie sich zwei Events auf keinen Fall entgehen: ein Konzert in der Aya Irini im Rahmen des Musikfestivals im Juni/Juli und den Tanz der Derwische in den Räumen des Mystikerordens. Informieren Sie sich vorab über die İstanbuler Festivals im Internet unter *www.istfest.org*, Karten gibt es bei *www.biletix.com*.

FEIERTAGE

1. Jan. *Yılbaşı*/Neujahr; **23. April** *Ulusal Egemenlik ve Çocuk Bayramı*/Fest der Nationalen Souveränität und der Kinder; **1. Mai** *İşçi Bayramı*/Tag der Arbeit; **19. Mai** *Gençlik ve Spor Bayramı*/Fest der Jugend und des Sports; **30. Aug.** *Zafer Bayramı*/Siegesfeiern zum Ende des Unabhängigkeitskrieges 1922; **29. Okt.** *Cumhuriyet Bayramı*/ Gründungstag der Türkischen Republik 1923.

Religiöse Festtage: Nach islamischem Mondkalender verschieben sich religiöse Feste jedes Jahr um 11 Tage nach vorn: **27.–30. Nov. 2009/16.–19. Nov. 2010:** *Kurban Bayramı*/Opferfest: das höchste islamische Fest. **10. Aug. 2010:** Der Ramadan (Fastenmonat) beginnt. **9.–11. Sept. 2010:** *Şeker Bayramı*/ Zuckerfest: dreitägiger Abschluss des Ramadan

VERANSTALTUNGEN

★ *Tanz der Derwische* des Mevlana-Ordens: sonntags um 15 Uhr (im Sommer 17 Uhr) und jeden zweiten und letzten Samstag des Monats um 15 Uhr im alten Sektenhaus Galata Mevlevihanesi in Beyoğlu. *www.mekder.org*

März/April

Internationale Filmfesttage: In ausgewählten Kinos in der İstiklal Caddesi in Beyoğlu und Kadıköy werden jedes Jahr über 200 in- und ausländische Neuproduktionen sowie Klassiker der Filmgeschichte gezeigt – alle mit Untertiteln.

> EVENTS FESTE & MEHR

Das *Tulpenfest* in Emirgan verwandelt den Park in ein Paradies am Bosporus.

Mai

Theaterbiennale: Klassische Stücke, Tanz- und Straßentheater mit in- und ausländischen Künstlern. *www.istfest.org/tiyatro*

Juni/Juli

Internationales Musikfestival: Musik, Tanz und Oper; Höhepunkt ist die Oper „Entführung aus dem Serail". Open-Air-Bühnen und die byzantinische Aya-Irini-Kirche im Garten des Topkapı laden zu musikalischen Erlebnissen ein.

Insider Tipp *Internationales Jazzfestival:* nicht nur in Sälen, sondern auch auf der Straße und in Jazzkellern. *www.iksv.org*

August

Am 15./16. Aug. findet traditionell die *Yelken Yarışları*-Segelregatta mit einer Kurzstrecke von İstanbul zur Insel Marmara im Süden der Stadt und einer längeren Etappentour bis Bodrum in der südlichen Ägäis statt. Im Spätsommer starten Offshore-Rennen in Bebek. *www.tyf.org.tr*

September

Künstler organisieren seit 2003 das *Tünel Art Festival,* in dessen Mittelpunkt der Galata-Turm steht.

Oktober

Das *Efes Pilsen Blues Festival* lockt jährlich vor allem US-amerikanische Bluesgrößen an den Bosporus. Veranstaltungsorte wechseln. *www.efesblues.com*

November

Die *İstanbuler Biennale* zieht seit 1987 in allen ungeraden Jahren neben türkischen auch viele ausländische Künstler an. *www.iksv.org*

Dezember

Eine der schönsten *Weihnachtsmessen* der Stadt findet am 24. Dez. um 21 Uhr in der Sankt-Anton-Kirche an der İstiklal Caddesi in Beyoğlu statt.

> EINE ENTFÜHRUNG INS SERAIL

Byzanz und Osmanisches Reich: Beide Imperien haben in İstanbul unvergängliche Werke hinterlassen

> Die Frage „Was schauen wir uns an?" zu beantworten fällt in İstanbul deshalb so schwer, weil die Auswahl riesengroß ist. In fast 3000 Jahren, in denen die Stadt als Byzanz, Konstantinopel und später als İstanbul Hauptstadt von Weltreichen war, sind kaum zählbare Bau- und Kulturdenkmäler entstanden. Angefangen bei byzantinischen Zeugnissen, von denen bis heute mehr als nur die weltberühmte Hagia Sophia vorhanden sind, über die 3000 Moscheen, Hunderte von Palästen, Sommerhäusern und Burgen der Osmanen bis zu armenischen, orthodoxen und selbst protestantischen Kirchen und Synagogen ist fast alles zu besichtigen, was die Fundamente abendländischer Kultur berührt.

Die Gotteshäuser, Paläste und anderen Sehenswürdigkeiten sind über die ganze Stadt verteilt, häufen sich aber eher auf der europäischen Seite. Die İstanbuler „Museumsinsel" ist

Bild: Süleymaniye Camii Moschee, Innenansicht

SEHENSWERTES

Sultanahmet mit dem Topkapı-Palast, der Hagia Sophia und anderen herausragenden Objekten. Auch der Große Basar befindet sich in Gehentfernung – ein Erlebnis für alle Sinne, bei dem man starke Nerven behalten muss, denn die Anmache ist für die Touristen regelrecht eine Zumutung.

Große, alte Gemäldegalerien gibt es in İstanbul, der Stadt byzantinischer und islamischer Bilderverbote, nicht. Stattdessen floriert der private Museumsmarkt: Mit *İstanbul Modern* hat sich am Hafen ein großartiges Museum zeitgenössischer Kunst etabliert. Das *Sabancı-Museum* am Bosporus macht mit spektakulären Ausstellungen wie Picasso, Rodin oder Dschingis Khan von sich reden. Und das *Pera-Museum* ist ein museales Kleinod mit zeitgenössischer Kunst, aber auch archäologischen Exponaten.

İSTANBUL IM ÜBERBLICK

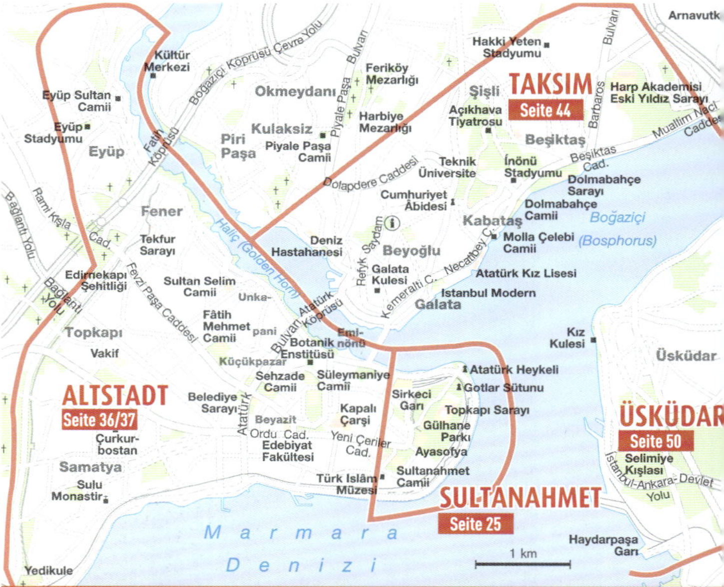

Die Karte zeigt die Einteilung der interessantesten Stadtviertel. Bei jedem Viertel finden Sie eine Detailkarte, in der alle beschriebenen Sehenswürdigkeiten mit einer Nummer verzeichnet sind

Doch İstanbul ist kein Museum. Gerade das Miteinander unterschiedlichster Lebensformen macht den Reiz İstanbuls aus. Von der Altstadt, in deren heutigen Zentren Fatih (europäisch) und Üsküdar (asiatisch) sich hauptsächlich fromme Muslime niedergelassen haben, über die verarmten Minderheitenviertel am Goldenen Horn bis zu den modernen Wohnorten um den Taksim-Platz liegen Welten.

Nehmen Sie sich nicht zu viel vor! Kulturdenkmäler wie der Topkapı-Palast oder die Hagia Sophia sind einen mehrstündigen Besuch wert. Bedenken Sie auch die Wege. Am besten, Sie entscheiden sich für einen Bezirk und verbringen den Tag dann zu Fuß dort. Die meisten Sehenswürdigkeiten wie Paläste oder Moscheen liegen auf der Achse Sultanahmet–Beşiktaş. Hier fährt eine Straßenbahn von Beyazit am Großen Basar über das Goldene Horn bis zum Dolmabahçe-Palast. Die İstanbuler Busse sind vor allem im Sommer nicht zu empfehlen. Das bequemste Verkehrsmittel sind Taxen.

Stadtrundfahrten bietet *Plantours* an *(Cumhuriyet Caddesi, 131/1 | Elmadag | Tel. 0212/234 77 77 | www.plantours.com)*. Die Busse fahren gegenüber der Hagia Sophia ab *(tgl. ab 9 Uhr stdl. | Dauer 1–2 Stunden | ab 18 Euro)*. Auch die städtische Busgesellschaft bietet touristische Ringfahrten im offenen Doppeldecker an. Die Tour beginnt am Sultanahmet-Platz und kostet ca. 15 Euro (Sa/So und an Feiertagen 17 Euro). Man kann am selben Tag beliebig oft ein- und aussteigen.

SULTANAHMET

> Um den Sultanahmet-Platz herum gruppieren sich die drei berühmtesten Gebäude der Stadt: die Blaue Moschee, die Hagia Sophia und der Topkapı-Palast. Hier ist das touristische Zentrum İstanbuls mit den großartigen Zeugnissen der byzantinisch-christlichen und osmanisch-islamischen Vergangenheit; ein Muss für jeden İstanbul-Besucher. Der Park in der Mitte ist für eine Verschnaufpause wie geschaffen. Im Sommer erstrahlen die Moscheen und Kirchen im Glanz der nächtlichen Light-Shows. Der Teegarten im Skulpturenhof des Archäologischen Museums (Insider Tipp) direkt unterhalb des Palasts gilt zu Recht als einer der schönsten İstanbuls. Abgerundet wird der Besuch durch einen Spaziergang durch die alte Münze, wo der Sultan sein Geld

MARCO POLO HIGHLIGHTS

★ **Archäologisches Museum**
Alexander der Große und die klassische Antike (Seite 26)

★ **Blaue Moschee**
Favoritin unter Gläubigen und Touristen (Seite 28)

★ **Hagia Sophia**
Denkmal der Macht und des Glaubens (Seite 29)

★ **Topkapı-Palast**
Der Sultanspalast: eine Welt aus 1001 Nacht (Seite 32)

★ **Yerebatan-Zisterne**
Ein unterirdischer Säulenwald (Seite 35)

★ **Chora-Kirche**
Ein Juwel spätbyzantinischer Mosaikkunst und Freskenmalerei (Seite 37)

★ **Großer Basar**
Lärm, Gedränge und Wohlgerüche: der größte Basar des Orients (Seite 41)

★ **Süleymaniye-Moschee**
Die schönste Moschee İstanbuls mit einem überwältigenden Innenbau (Seite 42)

★ **Dolmabahçe-Palast**
Domizil der Mächtigen (Seite 45)

★ **Galata-Turm**
Wunderbarer Blick über die Kulisse der gesamten Stadt (Seite 46)

★ **İstanbul Modern**
Neues Museum für zeitgenössische türkische Malerei und Fotografie (Seite 47)

★ **İstiklal-Straße**
Das pulsierende Herz des jungen İstanbuls, Kunst und Kultur pur (Seite 47)

★ **Rumeli-Festung**
Von Mehmet II. erbaut, um İstanbul einzunehmen (Seite 56)

prägen ließ. Ein ganz besonderer Genuss, vor allem an heißen Sommertagen, ist der Abstieg in die große unterirdische Zisterne Yerebatan, gleich gegenüber der Hagia Sophia. Selbst vom Museumsbesuch gestresste Kinder sind hier wieder begeistert. Aufpassen: Die meisten Baudenkmäler sind in Museen umgewandelt und montags geschlossen!

1 ARCHÄOLOGISCHES MUSEUM (ARKEOLOJI MÜZESI) ★ [127 E4]

Das archäologische Museum unterhalb des Topkapı-Palastes wurde vor allem gebaut, um ein herausragendes Fundstück angemessen ausstellen zu können: den *Alexandersarkophag,* den türkische Archäologen in Sidon im heutigen Libanon fanden. In dem Sarkophag wurde zwar nicht Alexander der Große, sondern ein libanesischer König bestattet. Aber Alexander ist hier in einer sehr alten, einzigartig erhaltenen Form dargestellt. Der weltberühmte Sarkophag stammt aus dem Jahr 310 v. Chr., ist völlig unzerstört und zeigt in wunderbaren Marmorreliefs den Kaiser bei einer Löwen- und Pantherjagd.

Außer diesem Prunkstück sind weitere Sarkophage aus Sidon und in mehreren Sälen Skulpturen aus griechischer, römischer und byzantinischer Zeit ausgestellt. In einem Nebentrakt gibt es Fundstücke aus der Frühgeschichte İstanbuls.

Das *Museum für Altorientalische Kunst (Eski Şark Eserleri Müzesi)* in einem eigenen Gebäude auf demselben Gelände ist sehr schön und übersichtlich gestaltet und versammelt sehenswerte Exponate aus dem alten Mesopotamien, hauptsächlich aus babylonischer und assyrischer Zeit. Die besondere Attraktion ist der in hethitischer Keilschrift verfasste, 1259 v. Chr. zwischen dem hethitischen Großkönig Hattusili II. und dem ägyptischen Pharao Ramses II. geschlossene Friedensvertrag von

Weltberühmte Grabstätte: Im Alexandersarkophag liegt jedoch nicht sein Namensgeber

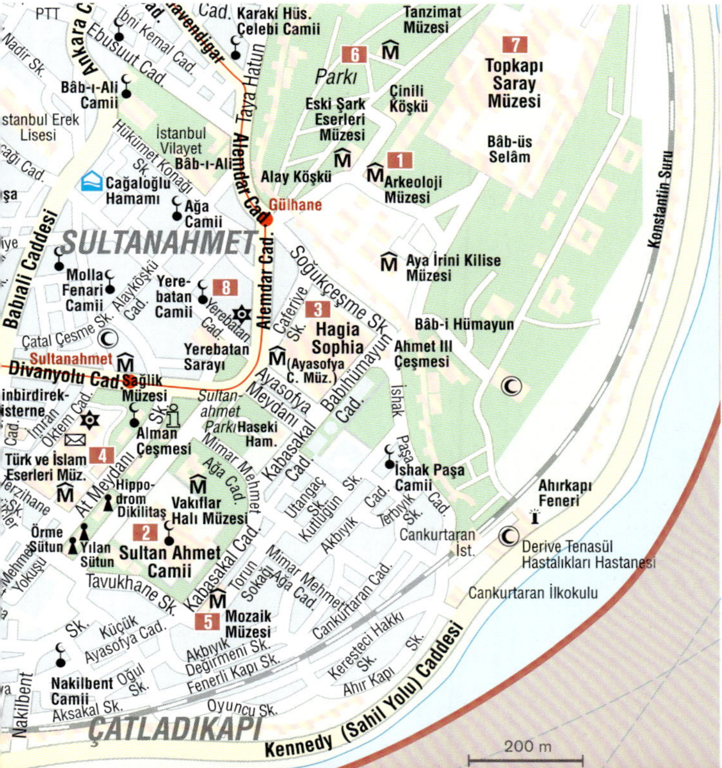

SEHENSWERTES IN SULTANAHMET

1 Archäologisches Museum
2 Blaue Moschee
3 Hagia Sophia
4 Hippodrom
5 Mosaikmuseum
6 Die Münze
7 Topkapı-Palast
8 Yerebatan-Zisterne

Kadesch – das älteste überlieferte Dokument dieser Art überhaupt.

Ein drittes, kleines Gebäude auf dem Museumsareal wurde restauriert und 2005 wieder eröffnet. Es ist das *Fayencenmuseum* (*Çinili Köşk)* mit wertvollen Exponaten aus mehreren Epochen. Die Kunst, farbige, durch Glasur geschützte Kacheln zu produzieren, war im Osmanischen Reich hoch entwickelt. Ein beliebtes Motiv war die Tulpe, farblich dominiert das Azurblau, dessen Formel nur wenige Meister beherrschten. Der *Çinili Köşk* ist das älteste Gebäude des Topkapı-Palastes. *Di–So 9–17 Uhr* |

Eintritt ca. 8 Euro | Osman Hamdi Bey, Yokuşu, Gülhane (Eminönü), Zugang vom Gülhane-Park.

2 BLAUE MOSCHEE (SULTANAHMET CAMII) ★ [127 D–E5]

Auf den ersten Blick ist sie die beeindruckendste Moschee der Stadt. Über drei Stufen steigen die Kuppeln gen Himmel, und kein anderes islamisches Gotteshaus außer der heiligen Moschee in Mekka hat sechs Minarette. Um diesen Frevel zu sühnen, musste in Mekka ein zusätzliches Minarett errichtet werden. Die so genannte Blaue Moschee wurde von Mehmet Ağa, einem Schüler des Meisters Sinan, zu Beginn des 17. Jhs. gebaut und riss ein tiefes Loch in die Staatskasse. Für die Nachwelt hat sich der Aufwand allerdings gelohnt. Bereits die Vorhöfe der Moschee, vis-à-vis der Hagia Sophia gebaut, beeindrucken durch ihre Größe. Im Innern dominieren die blauen Kacheln, der rote Teppich und die riesigen Leuchter, die aus der Kuppel herabhängen. Aus einigen der 260 Fenster – viele von ihnen sind bunt verglast – schaut man auf das Marmarameer oder in einen hübschen Moscheengarten.

Stufen, die zum Himmel führen: Blick auf die Blaue Moschee

Zu den sogenannten Sultansmoscheen gehören immer große Stiftungen. Auch die Blaue Moschee war einst von einem Stiftungskomplex (*külliye*) umgeben, zu dem eine theologische Hochschule (*medrese*), ein Hospital, eine Karawanserail und Armenküchen zählten. Davon sind heute nur noch die Küchen erhalten sowie das Grabmal (*türbe*) des Sultans Ahmet I. Bei seinem İstanbul-Besuch 2006 kam auch Papst Benedikt in die Blaue Moschee und meditierte hier eine Weile.

Touristen betreten die Moschee durch einen Sondereingang, nichtmuslimische Frauen brauchen den Kopf nicht zu bedecken. *Tgl. 9–12.30, 13.45–16.30 und 17.30 bis 18.30 Uhr | Grabmal tgl. 9.30–16.30 Uhr | Sultanahmet Meydanı*

3 HAGIA SOPHIA (AYASOFYA) ★ [127 E4–5]

Wie eine Kröte mit hoch gewölbtem Rücken und dicken Beinen hockt die Hagia Sophia, die „Kirche der Heiligen Weisheit", über der Altstadt von İstanbul. Mit ihrem rötlich schimmernden Mauerwerk und den später in osmanischen Zeiten angebauten vier Minaretten gehört das gut 1400 Jahre alte Monument immer noch zu den prägenden Erscheinungen der İstanbuler Silhouette und ist bis heute ein Wahrzeichen der Stadt.

Die im Altertum größte Kirche der Christenheit bietet Besuchern, sobald sie das Hauptschiff betreten, ein beeindruckendes Bild: Statt massiv und gedrungen, scheint die mächtige Kuppel in lichten Höhen zu schweben, als irdischer Spiegel des Himmels. Ein Kranz von 40 Fenstern im unteren Rand der Kuppel führt das Sonnenlicht geschickt ins Innere des großen Bauwerks und verstärkt den Eindruck der Schwerelosigkeit. Dieser Effekt wurde von den Architekten Anthemios von Tralles und Isidoros von Milet dadurch erzielt, dass sie die Hauptkuppel durch weitere Halbkugeln abstützten und die Pfeiler, die das Gewicht der Kuppeln auffangen, in die Seitenschiffe verbannten. Dadurch entstand ein riesiges freies Mittelschiff. Dieser für die damalige Architektur revolutionäre Ansatz wurde später auch zum Vorbild der Moscheebauten İstanbuls und der der Hagia Sophia gegenüberliegenden Blauen Moschee.

Auftraggeber für den Bau der Hagia Sophia war Kaiser Justinian, der die Kirche nach einer sensationell kurzen Bauzeit von nur 5 Jahren und 10 Monaten am 27. Dezember 537 weihte. Das statische Experiment der im Durchmesser 31 m großen Kuppel, die im Scheitelpunkt 49 m über

Jesus-Mosaik der Hagia Sophia

dem Boden schwebte, stieß jedoch bald an seine Grenzen. Mehrere kleinere Erdbeben führten dazu, dass die Kuppel Risse bekam und 21 Jahre nach ihrer Fertigstellung im Mai 558 einstürzte. Da beide Architekten bereits tot waren, beauftragte der 76-jährige Justinian den Neffen Isidoros', Isidoros den Jüngeren, mit dem Wiederaufbau der Kuppel. Dabei wurden die äußeren Stützpfeiler verstärkt, was zu dem äußerlich gedrungenen Eindruck führt, und die Kuppel um noch einmal 7 m angehoben. Diese Form der Kuppel, 56 m hoch und lediglich von außen durch weitere Pfeiler abgestützt, ist bis heute erhalten. Keine andere byzantinische oder osmanische Kuppel erreichte je wieder diese Höhe.

Die heutige innere Ausstattung der Hagia Sophia, die 1935 zum Museum erklärt wurde, ist bestimmt durch die 500 Jahre, in denen sie als Moschee diente. Bereits drei Tage nach der Eroberung Konstantinopels im Jahr 1453 wurde die Kaiserkirche zur Moschee des Sultans erklärt. In der Apsis der Kirche steht das *mihrab,* die nach Mekka weisende Gebetsnische. Rechts davon ist der *minbar,* die Kanzel des Imam. Am auffälligsten sind die im Durchmesser 7,5 m großen Holzschilder auf der Höhe der Galerien, die als Kalligrafien die acht heiligsten Namen des Islam tragen. Bei näherem Hinsehen können Sie allerdings noch etliche Kunstwerke aus byzantinischer Zeit erkennen, vor allem Überreste der berühmten Mosaiken. Die ersten davon befinden sich in den Vorräumen zum Hauptgebäude, das bekannteste ist ein Mosaik aus dem 10. Jh. direkt über dem so genannten Kaisertor. Es zeigt den thronenden Christus. Weitere Mosaiken befinden sich in der Apsis und an den Wänden der Emporen, auf die übrigens sowohl in byzantinischer als auch in osmanischer

Einst Kirche, später Moschee, heute Museum: die Hagia Sophia und ihr schöner Garten

Zeit die Frauen verbannt wurden. Das beeindruckendste Mosaikmotiv ist ein Andachtsbild, eine Deesis, das Jesus mit Maria und Johannes dem Täufer zeigt.

Im Garten der Hagia Sophia stehen drei Mausoleen, in denen die Sultane Mehmet III., Selim II. und Murat III. ihre letzte Ruhestätte fanden. Rund um das Bauwerk sind in den 1980ern Reste der Fundamente der Vorgängerkirche aus dem 5. Jh. freigelegt worden. *Di–So 9.30–16.30, Galerie 9 bis 10.30 und 13–15 Uhr | Eintritt je ca. 10 Euro (Sultanahmet)*

4 HIPPODROM (AT MEYDANI) [127 D5]

Was das Kolosseum für Rom, war das Hippodrom für Byzanz – der Ort, an dem das Volk durch Spiele und Wagenrennen bei Laune gehalten und, wenn das misslang, auch mal niedergemetzelt wurde. Die Arena soll rund 100 000 Menschen Platz geboten haben. Von den hoch aufragenden Rängen des Hippodroms ist heute fast nichts mehr übrig außer den Säulen, die Konstantin auf die sogenannte *spina,* das lange Podest in der Mitte der Rennbahn, stellen ließ.

Die älteste ist der 1900 v. Chr. erbaute ägyptische Obelisk, der von Luxor nach Byzanz gebracht wurde. Die benachbarte Schlangensäule soll aus Delphi stammen. Nur von der letzten, der Bronzenen Säule, weiß man nichts, außer dass sie im 10. Jh. restauriert wurde. Eine vierte Säule, die ursprünglich noch hier stand und die von vier bronzenen Pferden gekrönt wurde, schleppten die Venezianer nach dem Vierten Kreuzzug als Beute in die Lagunenstadt.

Die gepflasterte Straße rund um den Rasen, auf dem die Säulen heute stehen, entspricht dem früheren Rund der Rennbahn. Das Hippodrom hatte aber auch eine politische Funktion: Man bekannte sich entweder zur grünen oder zur blauen Mannschaft, was zeitweilig mit reformfreudig oder konservativ übersetzt wurde. Aus einem Streit zwischen grünen und blauen Wagenlenkern entstand 532 der Nica-Volksaufstand, den Kaiser Justinian blutig niederschlagen ließ. Am Ende sollen 30 000 Tote das Hippodrom gesäumt haben. *At Meydanı (Sultanahmet)*

5 MOSAIKMUSEUM (MOZAIK MÜZESI) [127 E5]

Die restaurierten Mosaiken des byzantinischen Kaiserpalasts sind an Ort und Stelle zu einem Museum umgebaut worden. Die am besten erhaltenen Fußbodenmosaike zeigen Jagd- und Hirtenszenen. Das Museum wurde mit österreichischen und deutschen Sponsorengeldern neu aufgebaut. *Do–Di 9.30–17 Uhr | Eintritt ca. 5 Euro | Kabasakal Caddesi, hinter dem Arasta-Markt (Sultanahmet)*

6 DIE MÜNZE (DARPHANE-I AMIRE) [127 E4]

Die alte Münze von 1727 liegt unterhalb des Topkapı-Palasts gegenüber dem Archäologischen Museum. Sie ist auch vom Gülhane-Park aus zugänglich. Das Areal wurde durch einen Geschichtsverein teils wiederhergestellt und ist nun gleichzeitig Technikmuseum sowie Ausstellungs- und Veranstaltungsort, z.B. der Kunstbiennale. In mehreren Hallen wird die Herstellung von Münzen gezeigt. In anderen Hallen finden wechselnde Ausstellungen zur Stadtgeschichte oder aktuelle Veranstaltungen statt. Der gesamte Komplex, Insider Tipp einschließlich eines schönen Cafés, ist eine der gelungensten Restaurierungen in der Stadt, weil exemplarisch gezeigt wird, wie behutsame Sanierung und neue Nutzung sich bestens ergänzen können. *Mi–So 10–19 Uhr | Zugang vom ersten Hof des Topkapı Sarayı oder vom Gülhane-Park | Straßenbahn von Eminönü Richtung Beyazıt (Sultanahmet) | www.istanbulmuzesi.org/darphane*

7 TOPKAPI-PALAST (TOPKAPI-SARAYI) ★ [127 F3–4]

Über vier Jahrhunderte war der Topkapı-Palast das Zentrum der osmanischen Weltmacht. Hier lebten der Sultan, politisches und geistliches Oberhaupt der Muslime, und seine Haremsfamilie, hier wurden die Reichsgeschäfte geführt, die Spitze der osmanischen Bürokratie ausgebildet und das Elitekorps des Sultans, die Janitscharen, untergebracht.

Obwohl die Palastanlage großen Raum einnimmt – zeitweilig lebten mehr als 5000 Menschen innerhalb der Mauern –, wirkt sie nicht monumental. Die Gebäude sind durchweg ein- oder zweistöckig und bestechen eher durch ihre filigrane Architektur

> ZUSCHAUERSPORT

Wo die Motoren dröhnen und die Bälle fliegen

Vor ein paar Jahren hat die Stadt İstanbul mitten in ein Naherholungsgebiet auf der asiatischen Seite eine hochmoderne Rennstrecke für die Formel Eins bauen lassen. Seitdem ist einmal im Jahr, immer im August, der internationale Rennzirkus am Bosporus zu Gast. Für zwei bis drei Tage wird İstanbul zum Mekka der Ferraristas und anderer Fangruppen. *55 km von Taksim im Osten | Tuzla | Tel. 0216/677 10 10 | www.formula1-istanbul.com.*

Konkurrenzlos ist die Begeisterung der İstanbuler Bevölkerung für Fußball: Galatasaray, Fenerbahçe und Beşiktaş holen die Meisterschaft alljährlich an den Bosporus – nur die Reihenfolge ändert sich. Die Spielsaison dauert von September bis Juni. Karten für die Heimspiele der Fußballmannschaften aber auch für die Formel-1-Rennen gibt es unter *www.biletix.com*. Die Spieltermine der Kicker stehen unter: *www.fussballdaten.de/tuerkei*

Der Topkapı-Palast war das Zentrum der osmanischen Weltmacht

als durch majestätische Wucht – eine Stein gewordene Zeltstadt meinen einige Besucher darin zu erkennen. Obwohl im Laufe der Jahrhunderte immer um- und angebaut wurde, hat sich an der Grundstruktur der Palastanlage bis heute nichts geändert.

Topkapı Sarayı ist in vier Höfe gegliedert. Der erste Hof, den man durch das *Bab-ı Hümayun,* das „Kaiserliche Tor", betritt, war in osmanischer Zeit der Stützpunkt der Janitscharen. Die nach Betreten des Hofs linker Hand liegende *Irenenkirche (Aya Irini),* die aus dem 8. Jh. stammende „Kirche zum Himmlischen Frieden", wurde von den Soldaten als Zeughaus und Waffenkammer gebraucht. Sie wird heute als Veranstaltungsort für klassische Konzerte und Ausstellungen genutzt. In ihrer Ursprünglichkeit ist sie einer der beeindruckendsten byzantinischen Sakralbauten, kann jedoch nicht von innen besichtigt werden.

Am Ende des ersten Hofes, am *Bab-ı Selam*, dem „Friedenstor", beginnt das eigentliche Museum. Der zweite Hof, den Sie nun betreten, war der Geschäftsbereich des Osmanischen Reichs. Hier tagte das Kabinett *(diwan),* hier wartete man auf eine Audienz, und hier waren auch die Henker untergebracht, die die Urteile des Sultans im ersten Hof vollstreckten. Auf der linken Seite, diagonal gegenüber dem Eingangstor, ist der „Diwan". An einer Ecke befindet sich ein Gitterfenster, durch das der Sultan die Kabinettssitzungen insgeheim im Auge behalten konnte. Auf der gegenüberliegenden Seite des Hofes liegt der riesige Küchentrakt, in dem für mehrere Tausend Menschen meisterhaft gekocht wurde. Die Kuppeln der Küche sind vom

Marmarameer aus besonders gut zu sehen. Dort ist heute die größte chinesische Porzellansammlung der Welt außerhalb Chinas untergebracht. Leider wird von den über 10 000 Exemplaren nur ein kleiner Teil ausgestellt.

Ebenfalls vom zweiten Hof aus betritt man den sagenumwobenen Harem, die Privatsphäre des Sultans, die kein anderer Mann außer ihm und seinen Söhnen betreten durfte. Hier haben sich die Sultane Hunderte von Frauen gehalten, hier nahmen die Palastintrigen ihren Ausgang, und hier herrschte der „Schwarze Eunuch", der Hüter des Harems. Eigentliche Herrscherin im Harem aber war die *Valide Sultan*, die Sultansmutter. Die Führung durch den Harem zeigt luxuriöse Bäder, herrliche Aufenthaltsräume und ein wunderbares Empfangszimmer, vermittelt aber auch einen Eindruck von der Enge, in der die Frauen hier leben mussten. Auf 6700 m^2 waren mehr als 300 Räume untergebracht. In den Harem werden im Halbstundentakt nur kleine Gruppen eingelassen. Es ist ratsam, die Tickets gleich zu kaufen und bis zum Einlasstermin mit der Palastbesichtigung fortzufahren.

Der Ausgang führt auf den dritten Hof, den wichtigsten Ausstellungsbereich des heutigen Museums. Direkt hinter dem Tor zum dritten Hof, dem *Bab-ı Saadet,* dem „Tor der Glückseligkeit", liegt der Audienzraum des Sultans, in dem der ursprüngliche Thron noch zu bewundern ist. Höhepunkt jeder Besichtigung sind die Säle, die den Hof an

> LOW BUDGET

- Die billigste *Bosporustour* ist eine Fahrt mit den regulären Fähren: Ab Eminönü geht's bis zum Schwarzen Meer und wieder zurück. Tickets (3,50 Euro) am Schalter „Boğaz Hatti" in Eminönü.
- Die *Seilbahn in Eyüp* bringt Sie für nur 50 Cent über 550 Meter zu dem Café Piyer Loti auf dem osmanischen Friedhofhügel – ein schönes Erlebnis am Goldenen Horn.
  Zeiten: *Okt–Juni 8–20 Uhr | Juli–Sept. 8–22 Uhr. Eingang auf dem Cami Meydani (Moscheenplatz).*
- Low-Budget-Sightseeing: Gondeln Sie mit der Straßenbahn vom Valens-Aquädukt in Aksaray bis nach Kabataş. Der Jeton kostet nur 70 Cent. Sie fahren durch die ganze Altstadt und über das Goldene Horn. Von Kabataş setzen Sie mit einem Motorboot zur asiatischen Seite, nach Üsküdar, über, oder Sie nehmen die Seilbahn nach Taksim.

Beeindruckend: Die Yerebatan-Zisterne ist das „versunkene Schloss" des alten Konstantinopels

der rechten Seite abschließen. Hier sind die schönsten Kleider, die seltensten Waffen und die kostbarsten Schätze des Osmanischen Imperiums ausgestellt. Angefangen von der höfischen Festtagskleidung über die berühmtesten Säbel der Sultane bis zu Staatsschätzen wie den juwelenbesetzten Federbüschen, dem berühmten Topkapı-Dolch und dem 86-karätigen Löffeldiamanten wird die weltliche Pracht der Osmanen hier ausgebreitet. Direkt gegenüber auf der anderen Seite des Hofes befinden sich die religiösen Schätze, darunter Reliquien wie das sprichwörtliche Barthaar des Propheten, ein Fußabdruck Mohammeds und Teile von Toren der Kaaba in Mekka. Hier wird auch während der Besuchszeiten aus dem Koran rezitiert.

Der letzte, sogenannte vierte Hof ist kein geschlossenes Gelände mehr, sondern ein großer Garten, in dem mehrere Pavillons der Entspannung und Erholung der Sultane dienten. An der rechten Seite wurde ein Palastteil in ein Café umgewandelt, von dem aus Sie einen herrlichen Blick auf die Einfahrt in den Bosporus, auf das Genueserviertel und den asiatischen Teil İstanbuls haben – hier können Sie sich von der anstrengenden Palasttour etwas erholen. *Mi–Mo 9–16, nur am ersten Tag des Ramadan- bzw. Opferfestes 12–16 Uhr | Harem 9.30–15.30 Uhr | Eintritt Topkapı ca. 10 Euro, Harem und Schatzkammer je ca. 5 Euro*

8 YEREBATAN-ZISTERNE (YEREBATAN SARNICI) ★ [127 E4]

Das alte Byzanz hatte zahlreiche Zisternen zur Wasserversorgung der Stadt, da man auf der Halbinsel selbst kein Trinkwasser fand. Die größte dieser Zisternen, die die Türken „Versunkenes Schloss" nannten, liegt direkt gegenüber der Hagia Sophia und steht Besuchern offen. Wenn man über eine kleine Treppe nach unten steigt, öffnet sich plötzlich ein gewaltiger unterirdischer Raum, der so groß ist, dass man ihn zunächst gar nicht überblicken kann. Noch immer steht Wasser in der Zisterne, aber über Stege kann man bei klassischer Musik einen Rundgang durch das versunkene Wasserreich machen. 336 Säulen verhindern seit 1400 Jahren, dass die Decke der Zisterne einbricht. Zwei Säulen stehen sogar auf antiken Medusenköpfen. Im Sommer finden auf einer Plattform Konzerte statt. Im Eingangsbereich befindet sich ein Café. *Tgl. 9 bis 18 Uhr | Eintritt ca. 4,50 Euro | Yerebatan Caddesi 7 (Sultanahmet) | www.yerebatan.com*

Insider Tipp

ALTSTADT

> Die „historische Halbinsel" hat zu byzantinischen Zeiten das Zentrum Konstantinopels beherbergt. Die Altstadt ist auf der einen Seite vom Marmarameer und auf der anderen Seite vom Goldenen Horn eingeschlossen. Sie wird begrenzt von einer gewaltigen, etliche Kilometer langen Stadtmauer, die teilweise bereits wieder restauriert ist und noch Reste von zwei ehemaligen byzantinischen Palästen und die muslimischen Wohnviertel mit einschließt. Das Zentrum der Altstadt ist der Große Basar, das traditionelle, überdachte Händlerviertel, in dem die Bevölkerung früher ihre gesamten Konsumbedürfnisse befriedigen konnte. Neben dem Geld kommt der Geist: Die älteste Universität schließt sich direkt an den Basar an. Ebenfalls nur ein paar Schritte weiter befindet sich der prächtigste Moscheenkomplex İstanbuls, die Süleymaniye mit ihren Medressen, Restaurants und Teegärten. Es lohnt sich, weiter in das Gassengewirr vorzudringen und für ein paar Stunden in eine schon untergegangen geglaubte Welt einzutauchen.

1 ÄGYPTISCHER BASAR (MISIR ÇARŞISI) [127 D2–3]

Der Ägyptische Basar ist auch unter dem Namen Gewürzbasar bekannt, weil das seit jeher die Spezialität dieses Marktes ist. Die Händler haben Safran, Paprika, Thymian oder andere exotische Abschmecker zu farbenfrohen Hügeln an ihren Verkaufsständen aufgebaut. Diese uralte Warenästhetik des Basars wirkt an-

gesichts der heutigen Werbemethoden so rührend antiquiert, dass man schon deshalb etliche Tütchen der bunten Gewürze kaufen wird. Auch wer getrocknetes Obst, Nüsse in allen Varianten, Insider Tipp Heilkräuter, iranischen Kaviar oder handgeflochtene Körbe sucht, ist hier richtig. *Mo–Sa 9–19 Uhr | Eminönü Meydanı*

2 CHORA-KIRCHE (KARIYE CAMII) ★ [120 B3]

Heute ist dieses Gebäude weder eine Kirche noch eine Moschee, sondern ein Museum. Es enthält die prächtigsten byzantinischen Kirchenmosaiken, die in İstanbul noch zu sehen sind. Die um 1320 erbaute Chora-Kirche war ursprünglich Teil eines bereits im 6. Jh. gegründeten Klosters. In ihrer heutigen Form ist sie eine Stiftung des byzantinischen Kanzlers Theodoros Metochtites, der hier nach einem bewegten Leben als Mönch starb. Eines der Mosaiken zeigt ihn als Kanzler, wie er Christus die Kirche darbietet.

Viele der Mosaiken waren während der Zeit, in der die Kirche zu einer Moschee umgewandelt worden war, mit Holz verdeckt oder mit Farbe übertüncht und wurden erst in den 1950er-Jahren vom „Byzantine Institute of America“ wieder freige-

Immer der Nase nach: Die Spezialität des Ägyptischen Basars sind seine Gewürze

SEHENSWERTES IN DER ALTSTADT

1 Ägyptischer Basar
2 Chora-Kirche
3 Eyüp
4 Fatih-Moschee
5 Großer Basar
6 Konstantinssäule
7 Pantokrator-Kloster
8 Stadtmauern
9 Süleymaniye-Moschee
10 Valens-Aquädukt
11 Yedikule

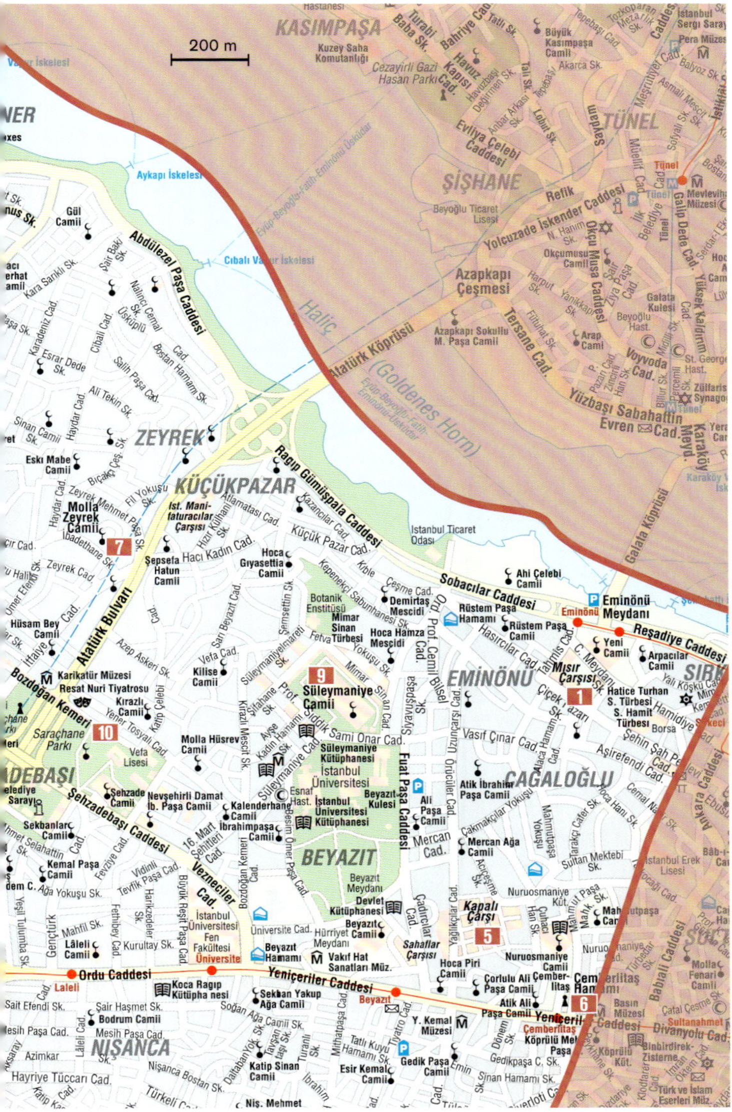

200 m
KASIMPAŞA
Kuzey Saha Komutanlığı
Cezayirli Gazi Hasan Parkı
Turabi Baba Sk.
Bahriye Cad.
Havuz Kapısı Cad.
Büyük Kasımpaşa Camii
Akarca Sk.
Tepebaşı Cad.
Meşrutiyet Cad.
İstanbul Sergi Sarayı
Pera Müzesi
Asmalı Mescit Sk.
İstiklal
TÜNEL
Evliya Çelebi Caddesi
ŞİŞHANE
Beyoğlu Ticaret Lisesi
Refik
Yolcuzade İskender Caddesi
Okçumusu Camii
Okçu Musa Caddesi
Tünel
Mevlevihane Müzesi
Galip Dede Cad.
Yüksek Kaldırım
Galata Kulesi
Beyoğlu Hast.
Azapkapı Çeşmesi
Azapkapı Sokullu M. Paşa Camii
Tersane Cad.
Arap Camii
Voyvoda Cad.
St. George Hast.
Züllfaris Synagoge
Yüzbaşı Sabahattin Evren Cad.
Karaköy Meyd.
Galata Köprüsü
Aykapı İskelesi
Cıbalı Vapur İskelesi
Haliç
Atatürk Köprüsü
(Goldenes Horn)
Gül Camii
Abdülezel Paşa Caddesi
Kara Sarıklı Sk.
Karadeniz Cad.
Cibali Cad.
Esrar Dede Sk.
Salih Paşa Cad.
Bostan Hamamı Sk.
Ali Tekin Sk.
Haydar Cad.
Sinan Camii Sk.
ZEYREK
Eski Mabet Camii
KÜÇÜKPAZAR
Ragıp Gümüşpala Caddesi
Molla Zeyrek Camii
Zeyrek Mehmet Paşa Sk.
Fil Yokuşu Sk.
İst. Manifaturacılar Çarşısı
Atlamataşı Cad.
Küçük Pazar Cad.
7
Şepsefa Hatun Camii
Hacı Kadın Cad.
Hoca Gıyasettin Camii
İstanbul Ticaret Odası
Ahi Çelebi Camii
Sobacılar Caddesi
Eminönü Meydanı
Eminönü
Reşadiye Caddesi
Yeni Camii
Arpacılar Camii
Botanik Enstitüsü
Demirtaş Mescidi
Rüstem Paşa Hamamı
Rüstem Paşa Camii
Mimar Sinan Türbesi
Hoca Hamza Mescidi
Ord. Prof. Cemil Bilsel Cad.
Hasırcılar Cad.
Mısır Çarşısı
1
EMİNÖNÜ
Hatice Turhan S. Türbesi
S. Hamit Türbesi
Hamidiye Cad.
Hüsam Bey Camii
Atatürk Bulvarı
Karikatür Müzesi
Reşat Nuri Tiyatrosu
Kırazlı Camii
Bozdoğan Kemeri
Saraçhane Parkı
10
Vefa Lisesi
Vefa Cad.
Kilise Camii
9
Süleymaniye Camii
Sıddık Sami Onar Cad.
Süleymaniye Kütüphanesi
İstanbul Üniversitesi
Beyazıt Kulesi
İstanbul Üniversitesi Kütüphanesi
Fuat Paşa Caddesi
Vasıf Çınar Cad.
Atik İbrahim Paşa Camii
CAĞALOĞLU
Ali Paşa Camii
Mercan Cad.
Mercan Ağa Camii
Molla Hüsrev Camii
Nevşehirli Damat İb. Paşa Camii
Kalenderhane Camii
İbrahimpaşa Camii
Şehzade Camii
ŞEHZADEBAŞI
Şehzadebaşı Caddesi
Sekbanlar Camii
Kemal Paşa Camii
16. Mart Şehitleri Cad.
Vezneciler Cad.
BEYAZIT
Beyazıt Meydanı
Devlet Kütüphanesi
Beyazıt Camii
İstanbul Üniversitesi Fen Fakültesi
Üniversite
Üniversite Cad.
Beyazıt Hamamı
Vakıf Hat Sanatları Müz.
Kapalı Çarşı
5
Nuruosmaniye Camii
Sahaflar Çarşısı
Hoca Piri Camii
Çorlulu Ali Paşa Camii
Çemberlitaş Hamamı
6
Atik Ali Paşa Camii
Yeniçeriler Caddesi
Ordu Caddesi
Laleli
Lâleli Camii
Koca Ragıp Kütüphanesi
Sekban Yakup Ağa Camii
Beyazıt
Bodrum Camii
Mesih Paşa Cad.
NİŞANCA
Hayriye Tüccarı Cad.
Katip Sinan Camii
Esir Kemal Camii
Y. Kemal Müzesi
Gedik Paşa Camii
Çemberlitaş
Köprülü Mehmet Paşa
Divanyolu Cad.
Sultanahmet
Binbirdirek-Zisterne
Türk ve İslam Eserleri Müz.
Babıali Caddesi
Ankara Caddesi
İstanbul Erkek Lisesi
Molla Fenari Camii

legt. Die Mosaiken zeigen drei Erzählungen: das Leben der Muttergottes Maria, einen Bilderzyklus zur Jugendzeit Jesu sowie die Heilsgeschichte Jesu. Im Zentralraum der Kirche finden sich noch einmal ein großes Christusporträt, ein Marienbild und eine Darstellung des Todes der Maria. Viele der Mosaikarbeiten sind erstaunlich gut erhalten und zeigen beeindruckend das künstlerische Potenzial von Byzanz selbst noch zu einer Zeit, als die Blüte des Oströmischen Reiches längst vorbei war.

Die Chora-Kirche ist Teil eines größeren historischen Komplexes, den der türkische Automobilclub schön restauriert hat. Das Areal mit alten osmanischen Holzhäusern liegt etwas versteckt ganz in der Nähe der Stadtmauer am Edirnekapı. Bevor Sie weitergehen, gönnen Sie sich einen Kaffee im schönen Garten des *Kariye-Hotels* *(tgl. 9–22 Uhr)!* Insider Tipp *| Do–Di 9 bis 16.30 Uhr | Eintritt ca. 6,50 Euro | Kariye Camii Sokak (Edirnekapı)*

Mitten im Leben: die Fatih-Moschee

3 EYÜP [128 C4]

Wer nicht bis Mekka kommt, besucht zumindest die Moschee von Eyüp. Eyüp ist das „heilige Viertel" İstanbuls und mit dem Schrein von Eyüp Ensari, dem Fahnenträger Mohammeds, der bei der ersten arabischen Belagerung Konstantinopels im 7. Jh. hier sein Leben ließ, ein Wallfahrtsort für Gläubige Insider Tipp aus der ganzen Türkei. Gleich nach der Eroberung der Stadt 1453 ließ Mehmet II. zu Ehren des Märtyrers hier eine große Moschee bauen und seine Gebeine feierlich zum zweiten Mal beisetzen. Damit begannen die Osmanen, ihrer Hauptstadt zielstrebig mehr Gewicht in der islamischen Welt zu verschaffen. Neben der sehenswerten Eyüp-Moschee liegt ein großer Friedhof. Hierdurch führen ein schöner Spazierweg und ein Lift den Hang hinauf zu dem bekannten, im osmanischen Stil eingerichteten Café *Pierre Loti* mit schönem Blick über das Goldene Horn. *Bus und Fähre von Eminönü.*

4 FATIH-MOSCHEE (FATIH CAMII) [125 F2]

Diese Moschee wäre die älteste İstanbuls, wäre sie nicht 1776 durch ein Erdbeben zerstört und im Anschluss neu aufgebaut worden. Der ursprüngliche Bau war 1463 von Mehmet II. nur zehn Jahre nach der

Eroberung Konstantinopels in Auftrag gegeben worden und sollte die moslemische Antwort auf die christliche Hagia Sophia sein. Deshalb wurde auch der Platz bewusst gewählt. Die Fatih Camii wurde auf

Typisch İstanbul sind die bunten osmanischen Holzhäuser hinter der Chora-Kirche

den Ruinen der Kirche der Heiligen Apostel erbaut, auf dem vierten Hügel der Stadt, der zu byzantinischen Zeiten die Nekropole der Kaiser war. Mit der Moschee setzte sich Sultan Mehmet II., der den Beinamen Fatih (der Eroberer) trug, ein Denkmal. Von der alten Moschee aus dem 15. Jh. haben nur die drei Portiken des Vorhofes, das Haupttor des Gebetssaals und dessen *mihrab* (Gebetsnische) das Erdbeben überstanden. Im Hof der Moschee steht das Mausoleum des Eroberers und seiner Frau Gülbahar. Die Moschee und der sie umgebende Komplex sind Mittelpunkt des gleichnamigen Stadtteils, der zu den frömmsten Bezirken İstanbuls zählt. *Mi–So 9.30–16.30 Uhr | İslambol Caddesi (Fatih)*

5 GROSSER BASAR (KAPALI ÇARŞI) ★ [126 C4]

Der Große Basar ist das Herz der Altstadt. Jeder Besucher, der zum ersten Mal durch eines der 17 Tore tritt, wird sich im Gassengewirr verlaufen und froh sein, wenn er zufällig auf eines der Teehäuser trifft, wo er Luft schnappen kann. Die antike Shopping Mall erstreckt sich von der *Nuruosmaniye-* bis zur *Beyazıt-Moschee* über eine Fläche von 32 000 m² und bietet von Teppichen bis zu Juwelen und Lederbekleidung fast alles, was das Touristenherz begehrt. Der Markt ist nach Gewerben geordnet, jedes Handwerk hat sein eigenes „Viertel". Heute wird überwiegend verkauft und nicht mehr hergestellt, wenn es auch noch einzelne Kupferschmiede und Schneider gibt. Im Zentrum liegt das *Alte Bedesten*. Hier können Sie bei den Antiquitätenhändlern neben original russischen oder griechischen Ikonen auch alten Silberschmuck erwerben. Dieser älteste Teil des Basars wurde von Mehmet II. nach der Eroberung Konstantinopels in Auftrag gegeben. In den folgenden hundert Jahren kamen die anderen Bereiche nach und nach dazu. Eine interessante Ecke ist der sogenannte Bücherbasar *(Sahaflar)* neben der *Beyazıt-Moschee*. Verlassen Sie den Basar durch eins der Tore in Richtung Goldenes Horn, können Sie durch das Holzhandwerkerviertel *Tahtakale* bis zum Meer schlendern. Da das marode historische Dach etappenweise saniert werden soll, ist in den kommenden Jahren mit teilweisen Schließungen zu rechnen. *Mo–Sa 8.30–19 Uhr | Beyazıt*

Insider Tipp

6 KONSTANTINSSÄULE (ÇEMBERLITAŞ) [126–127 C–D4]

Die Konstantinssäule ist das älteste erhaltene Monument der Stadt. Sie wurde anlässlich der Erhebung von Byzanz zur Hauptstadt des Römischen Reichs im Jahr 330 aufgestellt und war einmal die Attraktion des Konstantinischen Forums. Ursprünglich trug sie die Statue Kaiser Konstantins, die ihn als Sonnengott Helios zeigte. Die Säule, die im 12. Jh. zerstört wurde, wird zzt. restauriert. *Cağaloğlu*

7 PANTOKRATOR-KLOSTER (MOLLA ZEYREK CAMII) [121 E6]

Das Kloster aus dem 12. Jh. wurde nach der Eroberung İstanbuls in einen Moscheenkomplex umgewandelt. 2006 wurde es restauriert. Die Wiederherstellung des Klosters ist den türkischen Architekten hervorragend gelungen: Das byzantinische Gebäude erstrahlt heute im neuen Glanz und bietet eine herrliche Sicht auf das Goldene Horn und die Süleymaniye-Moschee. Der Pantokrator besteht eigentlich aus drei Kirchen, die später zusammengefasst wurden. Somit ist das Kloster nach der Hagia Sophia der besterhaltene Bau der byzantinischen Ära. Rund um das Gebäude erscheint die Altstadt völlig unberührt. *Di–So 9–17 Uhr | 5 Euro | Sinanağa Mahallesi | Zeyrek, Fatih*

Insider Tipp

8 STADTMAUERN (SURLAR) [120 A4–B1, 124 A6–B1]

Die bereits im Jahr 412 unter Kaiser Theodosius II. errichtete Stadtmauer ist so massiv, dass sie nie durch eine Belagerung bezwungen werden konnte und bis heute in großen Teilen erhalten geblieben ist. Die 5 m breite und bis zu 11 m hohe Hauptmauer erstreckt sich vom Marmarameer bis zum Goldenen Horn, sodass die Stadt vom Land her komplett geschützt war. Den besten Eindruck von dem imposanten Bauwerk gewinnen Sie bei einem Spaziergang vom Yedikule-Kastell bis zum Goldenen Horn. Vorsicht: Der Weg ist 6,5 km lang!

9 SÜLEYMANIYE-MOSCHEE (SÜLEYMANIYE CAMII) ★ [126 B–C3]

Die Süleymaniye konkurriert mit der Blauen Moschee um den Titel der

Auf dem Großen Basar gibt es alles für Touristen und İstanbuler – natürlich auch Kopftücher

größten und schönsten Moschee der Stadt. Zwar ist die „Blaue Moschee" größer und auch bekannter, doch unter Kennern gilt die Süleymaniye als der herausragende Sakralbau der Stadt. Sie thront, vom Topkapı aus gesehen, hinter dem Großen Basar über dem Goldenen Horn. Wenn man vom Galata-Turm aus auf die Altstadt schaut, ist sie nach wie vor die dominierende Figur in der Silhouette der Stadt. Sie wurde vom berühmtesten Architekten des Osmanischen Reichs, Koca Mimar Sinan, zu Ehren des berühmtesten Sultans, Süleyman des Prächtigen, zwischen 1550–57 erbaut.

Der Innenraum der Moschee wirkt vor allem durch seine Höhe überwältigend. Architekt Sinan hat mit der Süleymaniye – vielleicht nur noch von seiner Selimiye-Moschee in Edirne übertroffen – ein Meisterwerk der Kuppelbaukunst abgeliefert. Der Innenhof der Moschee ist durch prächtige Arkaden gesäumt, deren Säulen aus der ehemaligen byzantinischen Kaiserloge am Hippodrom stammen sollen. Rechts neben dem Hauptgebäude der Moschee befinden sich die Mausoleen von Süleyman und seiner Hauptfrau Haseki Hürrem, die in der westeuropäischen Literatur unter dem Namen Roxelane bekannt ist.

An die dem Goldenen Horn abgewandte Seite der Moschee schließen sich als weitere Teile des Komplexes die Armenküche, die Hochschule und die Karawanserei an. In der früheren Armenküche ist heute ein staatliches Restaurant untergebracht, der Anblick ist wunderbar, das Essen weniger. Dafür ist nebenan ein schöner Teegarten *(tgl. 10–18 Uhr)*, den man sich nicht entgehen lassen sollte. *Tiryaki Çarşısı Sokak, Mimar Sinan Caddesi (Süleymaniye)*

10 VALENS-AQUÄDUKT (BOZDOĞAN KEMERI) [126 A2–3]

Dieser rund 800 m lange Aquädukt ist eines der auffälligsten Denkmäler aus der frühen byzantinischen Zeit.

Er wurde in der zweiten Hälfte des 4. Jhs. unter Kaiser Valens als Teil der Wasserzufuhr der Stadt erbaut. Der Valens-Aquädukt ist neben der Yerebatan-Zisterne die beeindruckendste Erinnerung an die Ingenieursleistungen der Byzantiner. *An der Atatürk Bulvarı (Aksaray)*

11 YEDIKULE [128 C5]

Yedikule („Sieben Türme") ist die Festung direkt im Schnittpunkt der Theodosianischen Landmauer mit der Seemauer am Marmarameer, eine Mischung aus byzantinischen und osmanischen Elementen. In die Festung eingemauert ist das Goldene Tor, durch das die byzantinischen Kaiser nach gewonnener Schlacht im Triumph wieder in die Stadt ritten. Zu osmanischer Zeit diente die Burg als Prominentenverlies. Heute finden hier im Sommer Konzerte statt. *Di bis So 9–17 Uhr | Eintritt ca. 2,50 Euro | Yedikule Meydanı*

Insider Tipp

TAKSIM

> Die Pera ist das alte europäische Viertel İstanbuls. Zu byzantinischen Zeiten lebten hier die Genuesen, Venezianer, Franzosen und anderen Europäer, die mit dem Orient Handel trieben. Fast alle Botschaften gruppierten sich um den zentralen Taksim-Platz – auch die deutsche Vertretung aus dem Jahre 1876, die heute in ein Konsulat umgewandelt *(Gümüşsuyu Caddesi)* ist. Vom Bankenviertel Karaköy am Goldenen Horn führt der Weg über den Galata-Turm und die İstiklal Caddesi zu diesem Hauptknotenpunkt des İstanbuler Verkehrs. Von mystischen Derwischen zu Christian Dior sind hier alle attraktiven Gegensätze der Stadt versammelt. Heute heißt das gesamte Viertel Beyoğlu, das sich nach einer Phase des Niedergangs zu *dem* aufstrebenden Gebiet der Stadt überhaupt entwickelte. Hier schlägt der Rhythmus İstanbuls vor allem in der

Prunk und Pracht der Sultane: Führung durch den Dolmabahçe-Palast

SEHENSWERTES IN TAKSIM

- 1 Dolmabahçe-Palast
- 2 Galata-Turm
- 3 İstanbul Modern
- 4 İstiklal-Straße
- 5 Mevlevi-Kloster
- 6 Nişantaşı
- 7 Pera-Museum
- 8 Schifffahrtsmuseum
- 9 Taksim-Platz
- 10 Tophane-Brunnen
- 11 Yildiz-Anlage

Nacht. Alle guten Kneipen, Clubs und traditionellen Tavernen (*meyhane*) sind hier versammelt. Wer von der coolen Szene in İstanbul schwärmt, meint eigentlich Beyoğlu und die Gegend rund um den Taksim-Platz. Das ganze Gebiet ist auch kulturell sehr interessant: Theater, Oper, Kinos, Jazzkeller, Buchläden und schöne Cafés laden rund um die Uhr zu einem Besuch ein.

1 DOLMABAHÇE-PALAST ★ (DOLMABAHÇE SARAYI) [123 F1]

1856 errichtet, wurde der 250 000 m^2 große Palast am Bosporus bald zum neuen Sitz der Sultane. Im Zuge der Verwestlichung des Osmanischen Reiches verließ Sultan Abdülmecit den Topkapı-Palast und zog hierher. Gold, Marmor und Kristalle wurden beim Bau üppig eingesetzt, die Möbel in Paris und Prag bestellt. Der riesige Palast mit seiner 500 m langen Front am Wasser trägt die Handschrift der armenischen Architektenfamilie Balyan, die in vier Generationen İstanbul mit neoklassizistischen Prachtbauten schmückte.

Der Dolmabahçe-Palast im gleichnamigen Stadtteil verabschiedete in seiner abwechslungsreichen Geschichte gleich zwei bedeutende Staatsmänner des Landes: Mit dem letzten Sultan und Kalifen Vahdettin, der vom Kai des Palastes in sein Zwangsexil in Nizza ablegte, ging das Osmanische Reich endgültig unter. Sein Widersacher Mustafa Kemal Atatürk, Gründer der modernen Republik, erlag am 10. November 1938 hier seiner Leberzirrhose. Atatürks Sterbebett wird seitdem Tag und Nacht von einem Soldaten bewacht.

Der in den 1990er-Jahren komplett renovierte Palast kann heute besichtigt werden. Besucher müssen sich einer Führung anschließen: Eine Tour führt durch den öffentlichen Bereich, die zweite durch den alten Harem und die Privaträume der Sultane. Um alles zu besichtigen, sollten Sie bis 13 Uhr hier sein. *Di, Fr–So 9–15 Uhr | Eintritt ca. 10 Euro | Dolmabahçe Caddesi (Dolmabahçe)*

Das Herz der Stadt: die İstiklal-Straße

2 GALATA-TURM (GALATA KULESI) ★ [122 B4]

Der 1348 von der genuesischen Kolonie in Konstantinopel erbaute Galata-Turm liegt im Stadtviertel Karaköy und war seinerzeit das höchste Glied einer die Siedlung umrahmenden Befestigungsanlage. Er erhebt sich 62 m hoch über dem Goldenen Horn und besitzt unterhalb der Turmspitze eine offene Galerie, von der aus man einen wunderbaren Blick auf die ehemals europäische Altstadt und die berühmte Kulisse von Sultanahmet und Beyazıt hat – ein beliebter Platz für Filmproduktionen! Fahren Sie mit dem Aufzug hinauf, an einem Restaurant vorbei geht es dann noch eine Treppe zur Aussichtsgalerie hoch. *Tgl. 8.30–20 Uhr für Besucher | Eintritt ca. 4 Euro | Hendek Caddesi (Beyoğlu) |* www.galatatower.net

Mekka für türkische und auch internationale Gegenwartskunst: das İstanbul Modern

3 İSTANBUL MODERN ★ ▶▶
(MODERN SANAT MÜZESI) [122 C4]

Ausgefallen die Schale, attraktiv der Inhalt: Das erste private Museum für türkische Gegenwartskunst in İstanbul ist in der Lagerhalle Nr. 4 des alten Hafens untergebracht. Es beherbergt auf 8000 m^2 herausragende Beispiele zeitgenössischer türkischer Kunst, von Malerei und Fotografie über bildende Kunst zu Videoinstallationen, vom 19. Jh. bis ins Heute. Eröffnet im Jahr 2004, sehen viele das İstanbul Modern in der Nachfolge des MoMAs und anderer großer Häuser – wozu auch die Wechselausstellungen von internationalem Rang betragen. Eine Bücherei und Insider Tipp ein Café am Kai runden das Angebot ab. *Di–So 10–18, Do 10–20 Uhr | Eintritt ca. 3 Euro (Do 10–14 Uhr Eintritt frei) | Meclis-i Mebusan Caddesi, Liman Sahasi, Antrepo Nr. 4 (Karaköy) | www.istanbulmodern.org*

4 İSTIKLAL-STRASSE ★ ▶▶
(İSTIKLAL CADDESI) [122–123 B4–D2]

Die Fußgängerzone mit ihrer nostalgischen Straßenbahn ist das pulsierende europäische Herz İstanbuls. Vom oberen Ausgang der Zahnradbahn *Tünel* bis zum Taksim-Platz zieht sich die Straße mitten durch den Stadtteil Beyoğlu, der seit hundert Jahren zum Inbegriff der Verwestlichung geworden ist. Auch wer in İstanbul ins Kino oder in ein Musiklokal gehen will, landet unweigerlich hier. Aber sie ist nicht nur eine Vergnügungsmeile: Viele schöne Buchläden, Antiquariate und Galerien machen die Straße auch zur Kulturmeile. Kirchen laden nicht nur zu Weihnachten zum Besuch ein. Vor allem im unteren Drittel liegen hinter hohen Mauern ausländische Konsulate, oft prächtige Gebäude, die in osmanischen Zeiten Botschaften waren. Auch andere Häuser wie das Galatasaray-Gymnasium und große Passagen erinnern daran, dass sich gegen Ende des 19. Jhs. hier vor allem reiche Europäer niedergelassen hatten. Aber Achtung: Samstagabends und sonntags ist es hier rammelvoll! *Von Karaköy mit dem Tünel hochfahren oder vom Taksim-Platz aus betreten | Beyoğlu*

5 MEVLEVI-KLOSTER (GALATA MEVLEVIHANESI) [122 B4]

1491 als erstes Sufi-Kloster İstanbuls gegründet, gibt es im alten Derwischkloster von Galata heute noch regelmäßige Insider Tipp Aufführungen der tanzenden Derwische *(sema)* in ihrem historischen Ambiente. Davon abgesehen, ist das Mevlevi-Kloster mittlerweile ein Sufi-Museum (und auch als Museum der Diwanliteratur bekannt). Hier sind kostbare Handschriften von osmanischen Dichtern ausgestellt. *Okt.–April um 15 und 16.30 Uhr, Mai–Sept. um 17 und 18 Uhr | Am 17. Dez. findet zum Todestag des Sektengründers Rumi (türk. Mevlana) eine besondere Zeremonie statt | Eintritt ca. 3 Euro | Tel. 0535/210 45 65 | Galipdede Caddesi 15 (Tünel) | www.mekder.org*

6 NIŞANTAŞI ▶▶ [129 D4]

Vom Taksim-Platz geht's in den Norden zu den bürgerlichen Wohn- und Geschäftsvierteln İstanbuls. Nişantaşı hinter dem Maçka-Park ist voller Boutiquen, Cafés und Kunstgalerien. Ein Hauch von Paris weht über den Bürgersteig, die Damen sind en vogue gekleidet, man führt seinen Hund Gassi. In den Sträßchen rund um die Kreuzung reiht sich ein Laden an den anderen. Wer sich von diesem urbanen Gefühl anstecken lässt, schließt seinen Einkaufsbummel im noblen *Kanyon* in Levent ab – einer mehrstöckigen Ladenpassage, die Marken wie Harvey Nichols oder Prada beherbergt. *Tgl. 10–22 Uhr | Büyükdere Caddesi 185 | mit der Metro von Taksim bis Levent | www.kanyon.com.tr*

Die historische Straßenbahn startet und wendet am Taksim-Platz

7 PERA-MUSEUM [122 B3]

Ein Muss für jeden Kunstliebhaber ist der Besuch im 2005 eröffneten Pera-Museum. Die Kunstmäzene Suna und İnan Kiraç kauften das 1893 erbaute Gründerzeithaus in Tepebaşı und verwandelten es in ein schickes Stadtmuseum. Dauerhafte Ausstellungen wie die Kalligrafiesammlung des Paares schmücken die Räume. Im Eingangsbereich gibt es ein großes Café. *Di–Sa 10–19, So 12–18 Uhr | Tepebaşı, Meşrutiyet Caddesi 141 | www.pm.org.tr*

8 SCHIFFFAHRTMUSEUM (DENIZ MÜZESI) [129 D4]

Das Marinemuseum ist kein reines Militärmuseum, sondern gibt einen guten Überblick über die osmanische Seefahrt insgesamt. Für nautisch Interessierte ist es eine kleine Fundgrube, weil es neben einer Vielzahl von Schiffsmodellen auch alte osmanische Seekarten und Navigationsinstrumente zeigt. Besonders eindrucksvoll ist die Sammlung alter Sultansbarken. *Fr–Di 9–17 Uhr | Eintritt ca. 4 Euro | Barbaros Hayrettin Paşa İskelesi Sokak (Beşiktaş)*

Insider Tipp

9 TAKSIM-PLATZ (TAKSIM MEYDANI) ▶▶ [123 D2]

Rund um das Denkmal der Republik (*Cumhuriyet Anıtı*) erstreckt sich der größte Platz der Stadt und einer der am dichtesten befahrenen dazu. Taksim wurde in den 1930er-Jahren als neues Symbol der modernen Republik angelegt. In den 1970er-Jahren wurde er zum Hauptdemonstrationsplatz der Stadt: Unvergessen ist die Kundgebung zum 1. Mai 1977, die durch Provokationen von Seiten der extremen Rechten ein blutiges Ende nahm und zahlreiche Todesopfer forderte. Heute ist Taksim mit der Oper, seinen Hotels und Banken das friedliche Aushängeschild des geschäftigen, neuen İstanbul. Rund um den Taksim-Platz sind die Haltestellen für die *dolmuş* genannten Sammeltaxis, mit denen man am schnellsten und preiswertesten entferntere Stadtteile erreicht. *Taksim*

10 TOPHANE-BRUNNEN (TOPHANE ÇEŞMESI) [122 C4]

Ein weiteres sehr schönes Exemplar osmanischer Brunnen liegt in Tophane, am Ende des Hafengebiets von Karaköy. 2001 restauriert, strahlen die Marmorreliefs des 1732 im europäischen Barockstil erbauten Brunnens wieder in makellosem Weiß. Auf der gegenüberliegenden Straßenseite steht *Tophane*, die Kanonengießerei, die Mehmet II. 1453 kurz nach der Eroberung Konstantinopels erbauen ließ. Kanonen werden heute hier nicht mehr gegossen, der massive Bau dient stattdessen Künstlern als Ausstellungsraum. Im April 2009 traf hier US-Präsident Obama türkische Studenten.

11 YILDIZ-ANLAGE (YILDIZ SARAYI/YILDIZ PARKI) [129 D4]

Sultan Abdulhamid II (1876–1909) wohnte und arbeitete jahrzehntelang hinter den hohen Mauern des Yildiz-Palasts, den er sich auf den Hängen von Beşiktaş am Bosporus bauen ließ. Als eine Stadt in der Stadt beherbergte die riesige Anlage neben dem Sultanspalast auch den Harem, kleinere Chalets, Zierbecken, Treibhäuser und die Unterkünfte des Personals. Von einer Apotheke bis hin zu einem Zoo hatte der Sultan hier alles, was seine Familie brauchte. Heute ist der Park eine grüne Oase in der City.

Der größte Pavillon (*Malta Köşkü*) wurde früher für Staatsempfänge genutzt und ist heute ein Museum. *Malta Köşkü* und der *Çadır-Pavillon* sind als Cafés *(tgl. 10–18 Uhr)* zugänglich. Besonders an Wochentagen können Sie hier ungestört spazieren wie einst die Sultane. *Okt.–Mai tgl. 9–18, Juni bis Sept. tgl. 9–20 Uhr | Eingang von der Çırağan Caddesi (Beşiktaş)*

Das oberhalb des Yıldız-Parks gelegene ehemalige Jagdschloss ist ein besonderes Kleinod unter der Vielzahl von Schlösschen und ehemals königlichen Sommerresidenzen der Stadt. Es wurde vor der Barockphase

SEHENSWERTES IN ÜSKÜDAR

1 Çamlica-Hügel
2 Fethi-Pascha-Park
3 Haydarpascha-Bahnhof
4 Kuzguncuk
5 Leanderturm
6 Mihrimah-Sultan-Moschee
7 Şemsi-Pascha-Moschee

Hier beginnt der asiatische Teil İstanbuls: Blick von der Fähre aus auf Üsküdar

zu Beginn des 19. Jhs. als einstöckiger, langgestreckter Bau errichtet und beherbergt heute zwei Museen und ein Institut für Islamstudien.

Leider ist der Durchgang vom Park ins Schloss gesperrt, sodass man es nicht vom Bosporus aus, sondern stattdessen über den Barbaros Bulvarı erreicht. *Mi–Mo 10–16 Uhr | Eintritt ca. 1,25 Euro | Barbaros Bulvarı | Yıldız Caddesi, an der Universität vorbei (Beşiktaş)*

ÜSKÜDAR

> Der Stadtteil auf der asiatischen Seite İstanbuls war bereits in der Antike der Brückenkopf zum Bosporus. Seit dem 8. Jh. schlugen Muslime und Kreuzfahrer bei Belagerungen İstanbuls hier ihre Lager auf. Schon 1352, rund ein Jahrhundert vor der Eroberung Konstantinopels, hatten die Osmanen Üsküdar eingenommen. Nach der endgültigen Eroberung wurde der Ort zum größten muslimischen Viertel İstanbuls. Es hat seinen traditionell-frommen Charakter bis heute beibehalten. Fahren Sie mit der Fähre oder einem Motorboot von Eminönü, Karaköy, Kabataş oder Beşiktaş hinüber, und laufen Sie durch die Gassen des Viertels. Viele alte Holzhäuser wurden durch hässliche *Apartman*-Blöcke ersetzt, dazwischen steht immer wieder eine Moschee, ein Heiligengrab oder ein Sektenhaus. Am Leanderturm in Salacak gibt es Teegärten mit Blick auf den Topkapı-Palast. Insider Tipp Oberhalb von Üsküdar, Richtung Kadıköy, liegt der größte Friedhof İstanbuls, Karacaahmet. Wegen des gigantischen Projekts eines Bahntunnels unter dem Bosporus ist der Platz vor den Fähranlegern in Üsküdar bis 2010 schlecht passierbar.

1 ÇAMLICA-HÜGEL [119 D5]

Dieser Hügel oberhalb von Üsküdar ist mit 262 m die höchste Erhebung İstanbuls. Trotz der Fernsehmasten, mit denen er vollgestellt wurde, lohnt es sich hinzufahren, denn bei klarem Wetter haben Sie von einem Café aus einen phantastischen Blick über den Bosporus und fast die ganze Stadt, nach Norden sogar bis zum Schwarzen Meer. *Anfahrt mit dem Taxi von der Schiffsanlegestelle in Üsküdar oder in Kadıköy | ca. 5 Euro*

Insider Tipp

2 FETHI-PASCHA-PARK (FETHI PAŞA KORUSU) [129 D4]

Von Üsküdar zu Fuß zu erreichen, beginnt der Park gegenüber dem Dolmabahçe-Palast und erstreckt sich über die Hügel fast bis zur ersten Bosporusbrücke. Das Wäldchen erhielt seinen Namen im 19. Jh. von dem Damat Fethi Ahmet Pascha, dem der Sultan das Grundstück schenkte. Heute ist es im Besitz der Erben, die es an die Stadtverwaltung verpachtet haben. In dem Café und Restaurant auf dem Hügel hat man einen Panoramablick auf İstanbul – aber keinen Alkoholausschank. Der Mischwald sieht im Herbst wunderschön aus, im Winter ist er oft verschneit. Im Frühjahr blühen hier die seltenen Judasbäume in den verschiedensten Lilatönen. *Fethi Paşa Korusu | Paşalimani (Üsküdar)*

3 HAYDARPASCHA-BAHNHOF (HAYDARPAŞA GARI) [127 E3]

Anfangspunkt des deutschen Orientprojekts, der Bagdad-Bahn, sollte er werden: der prächtige Bahnhof am asiatischen Ufer, direkt gegenüber dem Topkapı-Palast. 1873 fuhr hier die erste Dampflok ab. Der heutige Bau wurde 1908 von deutschen Architekten fertiggestellt, im Gegensatz zur Bagdad-Bahn, die nie ihr Ziel erreichte. Haydarpascha soll 2009 stillgelegt werden – der Bahnverkehr läuft dann über die neu gebauten Bahnhöfe des Bosporustunnels. Gegen Pläne der Stadtverwaltung, den

Legendenumrankt: der Leanderturm

Bahnhof in ein Luxushotel umzuwandeln, führen İstanbuler eine lautstarke Kampagne. Sie wollen aus dem Bau ein Stadtmuseum machen. *İstasyon Caddesi (Haydarpaşa)*

Insider Tipp

4 KUZGUNCUK ▸▸ [129 D4]

Der pittoreske Stadtteil, der heute der türkischen Filmindustrie gerne als Kulisse dient, gehört zu den wenigen Bosporusdörfern, die ihren Charakter erhalten haben. Zwischen dem Zentrum Üsküdars und der ersten Bosporusbrücke gelegen, beherbergt Kuzguncuk viele alte Holzhäuser und Villen, die von zugezogenen Künstlern und Intellektuellen liebevoll restauriert wurden. Einst eine jüdische Siedlung, besitzt Kuzguncuk heute noch eine der meistbesuchten Synagogen der Stadt. Daneben reihen sich Kirche und Moschee ein – das multikulturelle Leben hat zwar durch den Exodus der Juden nach Israel und den Zuzug von Fischern aus dem Schwarzmeergebiet etwas gelitten, ist aber noch intakt. *Fähre/Bus von Beşiktaş, Taxi/zu Fuß von Üsküdar*

5 LEANDERTURM (KIZ KULESI) [129 D5]

Der sogenannte „Mädchen"-Turm wurde im 18. Jh. auf einer winzigen Insel nahe der asiatischen Seite im Einfahrtsbereich des Bosporus gebaut. Tagsüber dient er als Café, abends als mondänes Restaurant mit Livemusik (Achtung: teuer!).

Der Legende nach wurde der Leanderturm gebaut, um die Tochter eines Sultans dort vor den Schlangenbissen zu schützen, die ein Wahrsager prophezeit hatte. Doch das Schicksal siegte. Nach einer anderen Legende soll Leander zu seiner Geliebten Hero im Turm allabendlich den Hellespont durchschwommen haben, bis er dabei ertrank. *Di–So 10–23 Uhr | Tel. 0216/342 47 47 | www.kizkulesi.com.tr | Überfahrt von Üsküdar, direkt gegenüber dem Turm, oder von Ortaköy und Sarayburnu auf der europäischen Seite für ca. 4 Euro (ein Getränk inkl.), nachts nur von Üsküdar und Ortaköy*

6 MIHRIMAH-SULTAN-MOSCHEE (MIHRIMAH SULTAN CAMII) [129 D5]

Der Gebäudekomplex gegenüber den Fähranlegestellen von Üsküdar gehört zu den Meisterwerken des großen Palastarchitekten Sinan. Er wurde von Mihrimah Sultan, der Tochter Suleimans des Prächtigen, in Auftrag gegeben und 1548 fertiggestellt. Innerhalb des Komplexes befinden sich neben der großen Moschee eine theologische Hochschule, eine Armenküche und Gästezimmer. Sinan ahmte hier den Grundriss der Hagia Sophia nach. Es fehlt die Halbkuppel über dem Eingangsbereich, man tritt gleich unter die Hauptkuppel. Die Hochschule ist heute in eine Gesundheitsklinik umgewandelt. *Tgl. außerhalb der Gebetszeiten | Üsküdar Meydanı*

7 ŞEMSI-PASCHA-MOSCHEE (ŞEMSI PAŞA CAMII) [129 D5]

Direkt am Ufer von Üsküdar gegenüber dem Topkapı-Palast liegt eine der schönsten Moscheen İstanbuls. 1580 von dem Meisterarchitekten Sinan erbaut, liegt die kleine Moschee in der Nähe des Leanderturms, sodass sich ein Besuch beider Objekte gut verbinden lässt.

Traditionelle osmanische Architektur in Arnavutköy

AUSSERDEM SEHENSWERT

> Viele İstanbul-Besucher kommen nicht über das historische Zentrum und die İstiklal-Straße in Beyoğlu (Taksim) hinaus. Das bedeutet, dass sie die größten Schönheiten der Stadt nicht gesehen haben: zum Beispiel nicht am oberen Verlauf des Bosporus Fisch gegessen, keinen Spaziergang im Park von Emirgan gemacht, oder auch nichts von der spektakulären Ausstellung im Sabancı-Museum gehört haben, die die İstanbuler Gemüter erhitzt. Die „Stadt auf den sieben Hügeln" ist schier unergründlich und öffnet sich dem Besucher gerade vom Meer aus auf eine besonders freundliche Weise. Die hier genannten Ziele sind mit der Fähre, dem Bus, dem *dolmuş* oder mit einem Taxi bequem zu erreichen. Hier sind einige Ziele am Bosporus zusammengefasst, die es sich anzuschauen lohnt.

> www.marcopolo.de/istanbul

ARNAVUTKÖY ▶▶ **[129 D4]**

Arnavutköy bedeutet „Dorf der Albaner" und verweist darauf, dass dieser Platz im 15. Jh. von albanischen Einwanderern erbaut worden ist. Später lebten viele İstanbuler Griechen hier. Wie viele andere Siedlungen am Bosporus, zieht sich auch Arnavutköy entlang eines ausgetrockneten Zuflusses der Meerenge. Die Bewohner haben in den vergangenen Jahren den Bau einer dritten Bosporusbrücke hier erfolgreich abgewehrt. Am Meer gibt es einige sehr gute Fischlokale, z. B. *Adem Baba* | *(tgl.* | *Satışmeydanı Sok. 2* | *www.adembaba.com)*. Insider Tipp Auf dem Hügel hinter Arnavutköy liegt der Campus der renommierten Boğaziçi-Universität, und weiter nördlich geht es auf die *Akıntı burnu* zu: Hier, am „Kap der Strömung", erreicht die Fließgeschwindigkeit des Schwarzen Meeres an der Oberfläche zwölf Meilen pro Stunde – kein Schwimmrevier! *Bus und Dolmuş von Beşiktaş*

BEYLERBEYI-PALAST (BEYLERBEYI SARAYI) [129 E3]

Am Fuß der ersten Bosporusbrücke auf der asiatischen Seite gelegen, ist der Palast einer der bedeutendsten İstanbuls. Er wurde 1861–1865 im Auftrag Sultan Abdülaziz' von dem armenischen Architekten Sarkis Balyan erbaut. Vor dem Bau gab es hier einen Holzpalast aus dem 16. Jh. Der Architekt ahmte das osmanische Haus nach und gruppierte die Zimmerfluchten jeweils um einen Mittelhof *(sofa)*. Die Schlossanlage besteht aus drei Stockwerken. Erhalten ist vor allem das reiche Inventar des Männergemaches. Die Terrassengärten des Palasts wurden vor der osmanischen Ära *Istavroz Bahceleri* (Die Gärten des Heiligen Kreuzes) genannt, weil der byzantinische Kaiser Konstantin der Große hier seinen Übertritt zum Christentum verkündete. Die beiden Kioske im Garten (Gelber Kiosk und Marmorkiosk) sowie die Ställe sind unbedingt mitzubesichtigen.

Der Palast diente lange als Sommerresidenz für den Sultan und seine Familie. Eine Besichtigung des Gebäudes kann mit einem schönen Mittagessen am Bosporus, an dem Anleger Beylerbeyi unweit des Palasts, verbunden werden. *Tgl. außer Mo/Do, 9.30–17 Uhr (Okt.–Feb. bis 16 Uhr) | Beylerbeyi Sarayı | Çayırbaşı Durağı | Tel. 0216/321 93 20 (Beylerbeyi-Üsküdar)*

EMIRGAN-PARK (EMIRGAN PARKI) [129 D3] Insider Tipp

Der wunderbare Park oberhalb des Bosporusdorfes Emirgan ist vor allem für seine Tulpen und seine drei kleinen Schlösschen berühmt. Wenn im April das Tulpenfest gefeiert wird, blüht der gesamte Park in unzähligen verschiedenen Farben. Übrigens: Die Tulpe kam von der Türkei nach Holland und nicht umgekehrt, wie viele heute glauben. Die drei Pavillons im Park sind nach ihren Farben Weißer, Gelber und Rosafarbener Pavillon benannt. Sie stammen aus dem 19. Jh. und sind als Cafés zugänglich. Vom Rosafarbenen Pavillon aus hat man einen wunderbaren Blick auf den Bosporus. Unten am Meer gibt

> HEISSER DAMPF

Ein Besuch im Hamam ist in İstanbul Pflicht

Das Baden dient nicht nur der körperlichen Reinigung: Die Massage, das kalte Getränk im Abkühlungsbereich und der freundliche Service tun der Seele gut. Nach dem Besuch im türkischen Bad fühlt man sich wie neugeboren. Das *Cagaloğlu Hamami* gibt es seit 1741. Eintritt ca. 20, mit Peeling 30, mit Massage 40 Euro. *Tgl. 8–20 Uhr für Frauen, bis 22 Uhr für Männer | Kazim Ismail Gökhan Cad. 34 (Cağaloğlu) | Tel. 0212/5225575.* Das *Galatasaray Hamami* in Beyoğlu ist über 500 Jahre alt und bietet mystische Flötenklänge unter der Kuppel. Eintritt 22, mit Peeling 30 Euro. Cellulitis- und Aromatherapie-Massagen extra. *Tgl. 8–20 Uhr für Frauen, bis 22 Uhr für Männer, Juni–Sept. je eine Std. länger | Turnacibasi Sokak 24 (Galatasaray) | Tel. 0212/2494342*

es Tee aus dem Samowar. *Eingang Emirgan, im Winter geschl. | Bus oder Taxi von Beşiktaş*

ORTAKÖY ▶▶ **[129 D4]**

Ortaköy ist von Taksim aus gesehen das erste ehemalige Fischerdorf am Bosporus. Es beginnt am Ufer und erstreckt sich auf die Hügel oberhalb der Meerenge. Ortaköy war stets ein multikultureller Ort. Insider Tipp Zwei Kirchen, eine Synagoge und eine Moschee liegen im Uferbereich dicht beieinander. In den 1980ern entdeckten junge Künstler und Intellektuelle den Charme Ortaköys und eröffneten hier Ateliers und Buchläden. Die alten Häuser wurden restauriert und in Cafés und Restaurants umgewandelt. Am Wochenende gibt es im Viertel einen lebhaften und florierenden Kleinkunstmarkt.

Das Wahrzeichen des Viertels ist die zierlich wirkende barocke *Ortaköy-Moschee* mit zwei schlanken Minaretten. Sie trägt die Handschrift des armenischen Hofarchitekten Nikogos Balyan. Der Sultan pflegte im 19. Jh. mit seinem stattlichen Boot vom Dolmabahçe-Palast zum freitäglichen Gebet hierher überzusetzen. *Bus von Beşiktaş*

RUMELI-FESTUNG ★ (RUMELI HISARI) **[129 D4]**

Der osmanische Eroberer Konstantinopels, Sultan Mehmet II., soll den Plan der Burganlage eigenhändig gezeichnet haben, weshalb er von oben in arabischen Buchstaben das Wort Mehmet ergibt – besagt eine der vielen Stadtlegenden İstanbuls. Fest steht jedenfalls, dass die Festung nach ihrer Erbauung im Jahre 1452

> BÜCHER & FILME

Auch James Bond wurde hier gedreht

- **İstanbul. Erinnerungen an eine Stadt** – Die autobiografischen Essays des Literatur-Nobelpreisträgers Orhan Pamuk aus dem Jahr 2006 sind ein Schlüssel zum Verständnis der Stadt.
- **Schnee am Bosporus** – Hier recherchiert der türkische Kommissar Remzi Ünal, eine Figur des preisgekrönten Autors Celil Oker. Die Ünal-Krimis – mittlerweile sind drei erschienen – erzählen viel über den Charakter der Bosporus-Metropole.
- **Topkapi** – Berühmter İstanbul-Film aus dem Jahr 1964, u.a. mit Sir Peter Ustinov und Maximilian Schell. Der smaragdbesetzte Dolch des Sultans ist das Objekt der Begierde!
- **James Bond** – Zwei Filme um den Geheimagenten spielen in İstanbul. Neben „Liebesgrüße aus Moskau" auch „Die Welt ist nicht genug", mit dem rasanten Finale am Leanderturm mitten im Bosporus!
- **Gegen die Wand** – Die größte filmische Liebeserklärung an die Stadt kommt von dem Deutschtürken Fatih Akin. Er lässt seinen u.a. mit dem Goldenen Bären gekrönten Film „Gegen die Wand" (2004) in İstanbul enden. Ein Muss für Musikfreunde ist „Crossing the Bridge" (2005): Hier dokumentiert Akin die lebendige und extrem vielfältige Musikszene der Metropole.

Wenn der kleine Hunger kommt: Straßenhändler bieten überall in Ortaköy leckeres Gebäck an

wesentlich zu der Einnahme der Stadt durch die Türken beigetragen hat. An der engsten Stelle des Bosporus gelegen, stand sie genau gegenüber ihrem asiatischen Pendant Anadolu Hisari und sperrte die Meerenge. Insgesamt 300 Baumeister und 1000 Arbeiter waren an dem Bau beteiligt. Drei große und über ein Dutzend kleinere Türme kennzeichnen den großzügigen Plan. Die Burgmauern sind auf der Nord-Süd-Achse 250 m und auf der Ost-West-Achse 125 m lang.

Die Festung wurde durch das große historische Erdbeben im Jahre 1509 stark beschädigt und wieder aufgebaut. Die Holzbauten wurden 1746 bei einem Großbrand vernichtet. Sultan Selim III. ließ die Burg im späten 18. Jh. erneut renovieren. Im Jahre 1953 beauftragte man drei türkische Architektinnen mit den Renovierungsarbeiten, bei denen die verbliebenen Holzhütten auf dem Burggelände endgültig abgerissen wurden. Hier sind heute alte Kanonen und ein Teil der Eisenkette zu besichtigen, mit dem die Türken den Bosporus für die den Byzantinern zur Hilfe eilenden Schiffe gesperrt hatten. Im Sommer finden in dem Burgtheater Konzerte statt. *Mo/Di, Do–So 9.30–16.30 Uhr | Yahya Kemal Cad. 42 (Sariyer) | Tel. 0212/263 53 05*

SABANCI-MUSEUM **[129 D3]**

Die Familie Sabancı ist eine der reichsten türkischen Industriellenfamilien – sie ist aber nicht nur an Wirtschaftsthemen interessiert, wie dieses Haus zeigt. Die großartige Stadtvilla der Familiendynastie wurde 2002 in ein privates Museum umgewandelt. Auf 3500 m² Fläche gibt es neben Dauerausstellungen osmanisch-türkischer Maler mehrmals jedes Jahr spektakuläre Präsentationen – so etwa von Werken von Picasso und Rodin. *Di–So 10–18 Uhr | Eintritt 2 Euro, Kinder bis 14 Jahren frei | Atlı Köşk (Emirgan) | muze.sabanciuniv.edu*

> PALASTKÜCHE MIT VIEL FISCH

Auf ihre Münzen prägten die Byzantiner den Bosporusfisch, heute kommt er immer ganz frisch auf den Tisch

> Den Hunger zu stillen ist in İstanbul bloß ein Nebeneffekt des Essens: Hier setzt man sich zu Hause an den Tisch, um mit der Familie zusammen zu sein, und auswärts im Restaurant, um mit Freunden zu plaudern und zu feiern.

Schon seit byzantinischer Zeit ist die İstanbuler Küche eine gelungene Synthese aus Butter und Olivenöl, Teigwaren, Fisch, Fleisch und Milchspeisen. Sushi und Pizza sind in İstanbul ebenfalls zu haben. Fisch steht natürlich auf Platz eins der Speisekarte. Manche Fische schmecken am besten gegrillt, z.B. *lüfer* (Blaubarsch), *palamut* (Bonito) und *sardalya* (Sardinen); andere werden lieber gebraten: *kalkan* (Steinbutt), *barbunya* (Meerbarbe) und *hamsi* (Sardinen aus dem Schwarzen Meer). Probieren Sie auch Seebarsch *(levrek)* im Sud oder den mit Käse überbackenen Krabbentopf mit Pilzen und Tomaten *(karides güveç)*.

Bild: Restaurant Pandeli in Eminönü

ESSEN & TRINKEN

Kılıç (Schwertfisch) ist am Spieß eine Delikatesse. Tintenfische *(ahtapot)* werden als Salat und Hummerkrabben *(böcek)* gegrillt serviert. Fragen Sie ruhig nach dem Preis – häufig wird der Fisch abgewogen.

Die İstanbuler begnügen sich morgens mit ein paar Scheiben Weißbrot mit Oliven, Schafskäse und Honig zum Tee. Die meisten Hotels bieten reichhaltige Büfetts zum Frühstück. In den bis spät in den Abend geöffneten Teegärten, beliebte Treffpunkte für Jung und Alt, gibt es warme Toasts.

Beim Mittagessen hält man sich in İstanbul eher zurück. Am besten gehen Sie in eines der kleinen Esslokale (*lokanta*), wo auch die Bewohner des Viertels essen. Hier ist gute Hausmannskost angesagt: eine Tomaten- *(domates)* oder Linsensuppe *(mercimek çorbası);* Hackfleischbällchen mit Beilage *(köfte),* Huhn mit Reis *(tavuklu pilav),* das berühmte *döner kebap* vom Spieß oder ein Gemüsegericht der Saison *(sebze)*.

İstanbuler gehen nicht vor 20 Uhr essen. Und das Essen hat seine Rituale: Zuerst werden die Getränke serviert – entweder Rakı, ein hochprozentiger Anisschnaps, Bier *(bira)* oder Wein *(şarap)*. Unter den Bieren empfiehlt sich das *Efes* Pilsener, unter den Weinen z.B. die trockenen Weißen *Çankaya, Sarafin, Sevilen* oder *Kavklidere Narince*, unter den Rotweinen *Corvus, Signum* oder *Antik* bzw. *Angora*.

Wählen Sie dann unter den fertigen kalten Vorspeisen *(meze)* einige aus und warten Sie auf die warmen Zwischengerichte, die Sie bestellt haben. Nach einer Weile, das kann durchaus eine Stunde dauern, bestellen Sie Ihr Hauptgericht: entweder Fisch oder Fleisch. Bei den Desserts macht sich der arabisch-persische Einfluss bemerkbar. Erwähnt seien hier nur *baklava,* dünner, mit Pistazien oder Walnüssen gefüllter und in Zuckersirup getränkter Blätterteig, und verschiedene Puddingsorten *(muhallebi)*. Türken essen aber auch gerne nur frisches Obst *(meyve)* als Dessert. Zum Schluss kommt Ihr Mokka: *sade* (ungezuckert), *orta* (mittelsüß) oder *şekerli* (süß).

Das Galata-Turmrestaurant mit Blick auf Beyoğlu und den Bosporus

CAFÉS & SNACKBARS

CAFÉ ARA [122 C3] Insider Tip

Angesagter Treff für alle Filmschaffenden vor und hinter der Kamera. Zentral gelegen und bekannt für seine sehr guten Spaghetti. *Tgl. | İstiklal Caddesi, Tosbağ Sokak 8 (Galatasaray)*

ESSEN & TRINKEN

CAFÉ MAGNAURA [127 E6]
Auf zwei Stockwerken mit schöner Aussichtsterrasse. Der Name kommt vom byzantinischen Magnaura-Platz. Wie die meisten İstanbuler Cafés bietet es neben Frühstück auch Lunch und leichte Hauptgerichte (Steaks, Garnelen oder Huhn) zum Abend. *Tgl. 8–1 Uhr | Akbıyık Caddesi 27 (Sultanahmet) | Tel. 0212/5187622*

CAFÉ WIEN [0]
Nach dem Wiener Konzept eröffnet. Vor allem das gute Frühstück ist zu empfehlen. *Tgl. | drei Niederlassungen in Taksim-Nähe: Reasürans-Passage (Pasaji) 62 (Teşvikiye) | Einkaufszentrum Kanyon Nr. 148 (Levent) | als Café Melange in der Prof. Orhan Ersek Sok. 58 (Nişantaşı) | www.cafewien.com*

CENNET MUHALLEBICISI [127 D5]
Das Traditionslokal ist gut für einen Snack auf der klassischen Besichtigungsroute in Sultanahmet. Empfehlenswert: *börek* mit Schafskäse. Kein Alkohol. *Mo–Sa 9–19 Uhr | Divan Yolu 90 (Cağaloğlu)*

FRANSIZ SOKAĞI (FRANZÖSISCHE STRASSE) [122 C3]
So heißt die frühere Cezayir Sokak (Algerienstraße) heute. Die mit Hilfe des Französischen Kulturinstituts renovierten Häuser unterhalb des Galatasaray-Lyzeums beherbergen unzählige Galerien, Cafés und Restaurants. Empfehlenswert sind *Les Zazoues* und *Desire (beide tgl.) | Galatasaray, Fransız Sokağı (Beyoğlu)*

İNCI [122 B3]
Insider Tipp
Spezialität der Patisserie sind die Profiteroles – ein französisches Dessert mit Schokolade und Vanille, das Ihnen eine Sünde wert sein sollte. İnci ist seit 40 Jahren die beste Adresse dafür. Kein Alkohol. *Tgl. 9–20 Uhr | İstiklal Caddesi 124 (Beyoğlu)*

MARCO POLO HIGHLIGHTS

★ **360° İstanbul**
Rundblick auf İstanbul mit internationaler Küche – ein Erlebnis (Seite 62)

★ **Pandeli**
Beim Basarbummel höchst willkommen: Einkehr für Gourmets in adäquater Umgebung (Seite 64)

★ **Façyo**
Hervorragendes Fischrestaurant in der Bucht von Tarabya (Seite 63)

★ **Banyan**
Am Fuße der Bosporusbrücke fernöstlich tafeln (Seite 63)

★ **Vogue**
Bei gegrilltem Fisch und einem guten Wein den Panoramablick über İstanbul genießen (Seite 62)

★ **Sarniç Lokantasi**
Zisterne bei Kerzenlicht: göttlich speisen in der Unterwelt (Seite 64)

★ **Viktor Levi**
Das Weinrestaurant erinnert an das alte multikulturelle İstanbul (Seite 67)

★ **Milto**
Frische Hummer und Garnelen auf der Prinzeninsel (Seite 66)

RESTAURANTS €€€

Insider Tipp **LIMONLU BAHÇE** [122 C3]

Der „Zitronengarten" im Herzen der Pera, des alten europäischen Viertels, ist ideal für ein paar ruhige Stunden im Grünen. *Tgl. 10–24 Uhr | Yeniçarşı Caddesi 98 (Galatasaray)*

LUCCA [129 D4]

Postmodern anmutendes Café in Bebek, eine Adresse für jede Gelegenheit: ob Frühstück, Kaffee und Kuchen oder ein paar Stunden Ruhe bei einem guten Wein. *Tgl. 9–23 Uhr | Cevdetpaşa Caddesi 51 E (Bebek)*

NOLITA [123 C–D3]

Der Name steht für „North of Little Italy" in New York und holt die Atmosphäre der Latino-Einwanderer an den Bosporus. Offene Küche mit Bartheke, bequeme Sessel am Kamin. Tagsüber ruhig, abends szenig. *Tgl. | Akarsu Caddesi 25 (Cihangir-Taksim) | Tel. 0212/2448769*

RESTAURANTS €€€

360° İSTANBUL [122 C4]

Vom Topkapı-Palast über das Goldene Horn bis zur St.-Anton-Kirche: Hoch über den Dächern der Stadt gibt es einen atemberaubenden Rundumblick! Die gläserne Location in einem Jugendstilbau wurde 2006 zum schönsten Restaurant der Stadt gewählt. Nur mit Reservierung. *Tgl. | İstiklal Cad. 311 | Misir Apt. (Beyoğlu) | Tel. 0212/251 10 42 | www.360istanbul.com*

AL JAMAL [123 D–E1]

İstanbul entdeckt den Maghreb: Das Lokal mit marokkanischem Ambiente bietet neben nordafrikanischer Küche

> GOURMETTEMPEL

Kulinarische Experimente auf hohem Niveau

MIKLA [122 B3]

Gourmetrestaurant auf der obersten Etage des neuen Marmara Pera Hotels. 12-Gänge „Tasting Menu" von Kaviar über Gänseleber bis zu Filetsteak und türkischer Fusionsküche für ca. 60 Euro. Atemberaubender Blick für gesetztes Publikum. *Tgl. | The Marmara Pera, Meşrutiyet Cad. 1 (Beyoğlu-Taksim) | Tel. 0212/2935656 | www.istanbulyi.com*

POSEIDON [129 D4]

Hervorragendes Fischrestaurant am Bosporus: frisches Meeresgetier, liebevoll zubereitet und auf der Terrasse am Wasser serviert. *Menü um 60 Euro | Tgl. | Cevdet Paşa Cad. 58 (Bebek) | Tel. 0212/263 38 23*

TUĞRA [129 D4]

Genießen Sie raffinierte osmanische Küche nach alten Originalrezepten im restaurierten Palast des Çırağan Palace Hotel Kempinski mit schönem Blick auf den Bosporus. *Menü um 70 Euro | nur abends, Mo geschl. | Çırağan Cad. 84 (Beşiktaş) | Tel. 0212/258 33 77*

VOGUE [129 D4]

Vielfältiges Gourmetrestaurant mit Mittelmeer- und Fusionküche auf schöner Roofterrasse. Anspruchsvolles Sushi-Menu. Chef Ünal Yıldız empfiehlt Kalbsmedaillons und gegrillten Heilbutt. *Tgl., Sushi tgl. außer So | BJK Plaza, Spor Cad. 48, Akaretler (Beşiktaş) | Tel. 0212/2272545*

Rundumblick: Das 360° İstanbul ist wohl das schönste Restaurant der Stadt

Insider Tipp

auch eine nette Bauchtanzeinlage. *Nur abends, So geschl. | Taşkışla Caddesi 13 (Maçka-Taksim) | Tel. 0212/ 2310356*

BANYAN ★ **[129 D4]**

Fernöstliche Küche vom Feinsten in Ortaköy auf einer Terrasse am Bosporus, mit Blick auf die erste Brücke und die schön angestrahlte Ortaköy-Moschee. Gut, schick und heiß begehrt: Unbedingt reservieren! *Tgl., So ab 10 Uhr Frühstücksbüfett | Muallim Naci Cad., Salhane Sokak 3 (Ortaköy-Beşiktaş) | Tel. 0212/2599060 | www.banyanrestaurant.com*

CHANGA **[123 D2]**

Schickes Restaurant mit exzellenter Fusionküche. Durch einen Glasboden können Gäste dem Koch bei der Arbeit zuschauen. Mit *Müzedechanga (Mo geschl. | Sakip Sabancı | Cad. 22, Emirgan)* haben die Inhaber eine zweite angesagte Location etabliert, diesmal auf dem Dach des Sabancı-Museums. *Nur abends, So geschl. | Siraselviler Cad. 47 (Taksim) | Tel. 0212/ 251 70 64 | www.changa-istanbul.com*

Insider Tipp

FAÇYO ★ **[129 D3]**

Eines der ältesten und besten Fischrestaurants der Stadt. Liegt weit oben am Bosporus, in der Bucht von Tarabya. Legendär sind das Schokoladensoufflé und der gedünstete Seebarsch *(levrek buğulama). Tgl. | Kireçburnu Caddesi 13 (Tarabya) | Tel. 0212/262 00 24*

LIMAN LOKANTASI **[122 B5]**

Seit 1951 existiert das Restaurant direkt am İstanbuler Hafen. Herrlicher Bosporusblick, gute türkisch-osmanische Küche: Kebabs, Lamm im Ofen und zum Abschluss heiße Feigen mit Eis. *Di geschl. | Rıhtım Caddesi 52/3 (Karaköy) | Tel. 0212/292 3993 |*

RESTAURANTS €€€

Jugendstilpassage in Beyoğlu

PANDELI ★ **[127 D2]**
Das links über dem Eingang des Gewürzbasars platzierte Lokal wurde 1956 von dem berühmten griechischen Koch Pandeli gegründet. Sein gegrillter Zander und das gefüllte Huhn wurden seitdem zur Legende. *Mo–Sa 11–17 Uhr | Mısır Çarşışı (Eminönü) | Tel. 0212/527 39 09*

PAPERMOON **[129 D4]**
Das absolute In-Lokal der İstanbuler Schickeria hat für den Sommer einen schönen Garten. Das Menu ist italienisch und vom Feinsten. Sehr berühmt die Nudelkreationen. Ohne Reservierung keine Chance! *Tgl. | Erdgeschoss der Akmerkez Residence | Nispetiye Caddesi (Etiler) | Tel. 0212/282 16 16*

SARNIÇ LOKANTASI ★ **[127 E4]**
Zum Candlelight-Dinner in eine vom Türkischen Touring- und Automobilclub zum Nobelrestaurant umgebauten Zisterne neben den sanierten alten Holzhäusern. Reservieren! *Tgl. 19–24 Uhr | Soğukçeşme Sokak, hinter der Hagia Sophia | Tel. 0212/5124291*

SPAZIO **[123 D1]**
Das Restaurant des Hotels *Hyatt Regency* bietet unweit vom Taksim-Platz sehr gute Lamm- und Fischgerichte neben Pizza und Pasta. Den Abend können Sie im Jazzclub des Hotels beenden. *Nur abends, So geschl. | Hyatt Regency Hotel, Taşkışla Cad. (Taksim) | Tel. 0212/ 2257000*

SUNSET GRILL & BAR **[129 D3–4]**
İstanbul by night mit Blick auf den Bosporus. Küche aus aller Welt: kalifornische Gerichte, Sushi, Osmanisches und viel Fisch. *Tgl., Bar nur abends | Yol Sokak, Ulus Parkı | Tel. 0212/287 03 57*

ZARIFI **[122 C2]**
Eine alte Wäscherei wurde in ein Restaurant umgewandelt – und ist heute eine Gourmet-Oase in Beyoğlu mit typischen Gerichten wie gefüllten Calamares. Gut für alle, die anschließend noch ins Kino, Konzert oder in die Kneipe möchten. Laut! *Tgl. 19.30–4, Weinbar 12–2 Uhr | Sıraselviler, Çukurçeşme Sokak 13 (Taksim) | Tel. 0212/293 54 80*

ESSEN & TRINKEN

RESTAURANTS €€

ALEM [122 B–C2]
Schöne Rakıtaverne mit türkischer Livemusik ohne Lautsprecher! Menüs unter 20 Euro und gute Vorspeisen. *Tgl. | Nevizade Sokak 8 (Beyoğlu) | Tel. 0212/249 60 55*

ASITANE [120 B3]
Osmanische Palastküche nach Rezepten des Topkapı-Archivs: z. B. Teigrollen mit Honig, Safranreis, Lamm aus dem Ofen. *Tgl. | Kariye Camii Sokak 18 | Im Kariye-Hotel (Edirnekapı) | Tel. 0212/534 84 14 | www.kariyeotel.com/asitane.htm*

Insider Tipp **AVLU MEYHANE** [122 C3]
2009 eröffnet und hitverdächtig ist die schicke, in Gelb-Schwarz dekorierte Taverne in Galatasaray, auf dem Weg zum Goethe-Institut. Lecker: gefüllte *pazi* (eine Art Spinat), Lammgulasch *(kuzu kavurma)* und Fisch in Folie *(kagitta levrek)*. Fr/Sa dezente Livemusik. *Tgl. 8–18 als Café, 18–24 Uhr als Restaurant | Yeni Çarşı Cad. 32, Souterrain (Galatasaray-Taksim) | Tel. 0212/244 97 25*

AYASPAŞA RUS LOKANTASI [123 E2]
Klassiker in der Nähe des deutschen Konsulats. Deutsche, österreichische und russische Küche. Klein, aber fein. *Tgl. | Inönü Cad. 77/A (Gümüşsuyu) | Tel. 0212/243 48 92*

BALIKÇI SABAHATTIN [127 E5]
„Fischer Sabahattin" aus Kreta bietet seit 40 Jahren unweit der Blauen Moschee Spezialitäten wie Reis mit Muscheln in Wein. *Tgl. | Seyit Hasan Kuyu Sokak 1 (Cankurtaran) | Tel. 0212/458 18 24*

CARNE [129 D4]
Das einzige Restaurant der Stadt, das nach strengen jüdischen Regeln arbeitet. Kebab aus koscherem Fleisch, Teigrolle mit Gemüse. *Mo–Do 12–24, Fr 12–15, So 12–18 Uhr | Muallim Naci Caddesi 41 (Ortaköy) | Tel. 0212/260 84 25*

ÇIÇEK PASAJI ▶▶ [122 C2]
1876 als Einkaufspassage gebaut, beherbergt die „Blumenpassage" heute nur noch Kneipen und Gaststätten. In Tavernen wie *Kimene* wird vor allem am Wochenende zu Roma-Musik auf den Tischen getanzt. Dahinter liegt die Tavernengasse Nevizade. *Tgl. | İstiklal Caddesi (Galatasaray)*

DESPINA ▶▶ [0]
Traditionsreiche Taverne im altgriechischen Tatavla-Viertel. *So–Do 12 bis*

> LOW BUDGET

- > Im ▶▶ *All Sports Café* in Nişantaşı kauft man für 3,50 Euro einen *dipsiz filtre*, einen „Filterkaffee ohne Boden", der so lange nachgefüllt wird, bis man im Magen ein Loch hat! *Tgl. | Valikonaği Caddesi | Şakayık Sokak 49/1 | Nişantaşı-Taksim*
- > Spaß mit Eis am Bosporus: Zwei Kugeln für nur einen Euro bietet *Mini Dondurma* [129 D4] in Bebek, einer der schönsten Buchten İstanbuls. *Tgl. | Cevdet Paşa Caddesi 107 | Bebek*
- > Marmelade, Käse, Wurst, Ei, Oliven und Tee, so viel man trinken mag: Ein ebenso günstiges (4 Euro) wie gutes Frühstück gibt es bei *Özsüt* [122 C2]. *Tgl. | İstiklal Caddesi 206 | Taksim*

24, Fr/Sa bis 1 Uhr | Açıkyol Sokak 9 (Kurtuluş) | Tel. 0212/247 33 57

Insider Tipp
FRANCONIA [122 B3–4]

Neue deutsch-türkische Koproduktion unweit vom Tünel-Platz: Strammer Max, Leberkäs und Apfelstrudel in großen Portionen! *Tgl. | Nergiz Sokak 8/2 Asmalimescit (Tünel-Beyoğlu) | Tel. 0212/2444646*

abends, So geschl. | Tersane Cad., Kardeşim Sokak, Grifin Han, 5. Etage (Karaköy) | Tel. 0212/2434080

KOÇO [129 D5]

Exzellentes Fischrestaurant auf der asiatischen Seite an der Spitze der Modahalbinsel. Schöner Blick von der Terrasse auf den Yachthafen von Fenerbahçe am Marmarameer. *Tgl. | Moda Caddesi 265 (Kadıköy) | Tel. 0216/3360795*

Im Yakup 2 treffen sich die İstanbuler gerne zum Essen und Reden

Insider Tipp
KARAKÖY BALIKÇISI [122 C5]

Seit 1923 Stammlokal der Ladenbesitzer in Karaköy am gegenüberliegenden Ufer der Galatabrücke, ist das Fischrestaurant 2009 in die 5. Etage des Geschäftshauses *Grifin Han* gezogen: Sagenhafter Blick (im Sommer von der Terrasse) und der frischeste Fisch in Town zu eisgekühltem Rakı oder Weißwein: ein Genuss! *Nur*

MILTO [0]

Nach einem Tag auf der größten Prinzeninsel ist dies der ideale Platz, um bei einem guten Essen auf die letzte Fähre zum Hotel zu warten. *Tgl. | Gülistan Caddesi 16 (Büyükada) | Tel. 0216/382 53 12*

ESSEN & TRINKEN

REJANS [122 C2]
1931 von Exilrussen im Stil des Pariser Restaurants *Régence* gegründet. Das *Rejans* (Borschtschsuppe, Püree Piroschki, Kiewskihuhn) zählte früher Atatürk und andere politische Persönlichkeiten zu seinen Stammgästen. Heute ist das Lokal bevorzugter Treff der Künstler und Intelligenz der Stadt. *So geschl. | Galatasaray, Emir Nevruz Sokak 17 (Taksim) | Tel. 0212/244 16 10*

TIKE LEVENT [129 D4]
Das feinste Kebablokal İstanbuls nahe der Metro und des Einkaufsparadieses Akmerkez. Die Wirte kommen aus Adana. Unbedingt probieren: *cezerye* – ein Konfekt aus Nüssen und Karotten. *Tgl. | Haci Adil Caddesi 4, Aralik 1 (Levent) | Tel. 0212/281 88 71 | www.tike.com.tr*

TOKYO [122 C2]
Japanische Izakaya-Küche zu erschwinglichen Preisen: Sushi, Sashimi, Ramen, Takisabaya und Teriyaki. Stammlokal von Bosporus-Japanern. *Tgl. | İstiklal Cad., Meşelik Sokak 24 (Beyoğlu-Taksim) | Tel. 0212/293 58 58*

VIKTOR LEVI ★ [122 B2]
Uraltes, sehr gutes Weinlokal mit vorzüglichen Käseplatten. *Tgl. | Galatasaray, Hamalbaşı Caddesi 12 (Beyoğlu) | Tel. 0212/249 60 85*

Insider Tipp **YAKUP 2** [122 B4]
Es gibt keinen Schriftsteller oder Journalisten in İstanbul, der nicht einmal hier gezecht hat – Wirt Yakup Arslan schickt seine Kundschaft lange nach Mitternacht mit Glockengeläut nach Hause. Feine İstanbuler Vorspeisen, gutes Grillfleisch. *So geschl. | Tünel, Asmalı Mescit Sokak 35 (Beyoğlu) | Tel. 0212/249 29 25*

RESTAURANTS €

BAYA [122 C3]
Turko-Mexikaner im Antiquitätenviertel unterhalb der İstiklal Caddesi mit Retro-Ambiente. Vom mexikanischen Frühstück über gute Hamburger bis zur Late-Night-Margarita: große Portionen! *Tgl. | Ağahamam Sokak 29 (Çukurcuma-Taksim) | Tel. 0212/252 34 28*
Insider Tipp

BUHARA [127 D4]
In der touristischen Ecke der Altstadt, am Großen Basar, gelegen. Hier wird gute türkische Küche serviert. *Tgl. | Nuruosmaniye Cad. 27 (Cağaloğlu) | Tel. 0212/527 51 33*

CUMHURIYET MEYHANESI [122 B–C2] Insider Tipp
Die berühmteste türkische Taverne der Stadt, in der auch Republikgründer Kemal Atatürk gerne einen Rakı trank – so erzählt man es sich jedenfalls in İstanbul. *Tgl. | Balık Pazarı, Sahne Sokak 47 (Beyoğlu) | Tel. 0212/243 64 06*

DUBB INDIAN [127 D4–5]
Indisches an der Hagia Sophia: Von der Terrasse schaut man aufs Meer und genießt Chai-Tee mit duftenden Gewürzen. Die Küche schließt gegen 23.30 Uhr! *Tgl. | Incili Çavuş Sokak 10 (Sultanahmet) | Tel. 0212/513 73 08*

EFULI [123 D1]
Vom Frühstück bis zum Abendessen; neben Grillplatten auch Wiener Brathendl. Sauber, bescheiden, gut. *Tgl.*

ab 6.30 Uhr | Elmadağ, Cumhuriyet Cad. 12 (Taksim) | Tel. 0212/225 69 54

KANAAT LOKANTASI [129 D5]
Nahe der Anlegestelle der Bosporus-Fähren befindet sich das vielleicht älteste Lokal İstanbuls. Hervorragende Küche. Im frommen Viertel Üsküdar wird kein Alkohol ausgeschenkt! *Tgl. | Selmanipak Caddesi 25 (Üsküdar) | Tel. 0216/333 37 91*

KAPALIÇARŞI HAVUZLU LOKANTA [126 C4]
In der Gaststätte am Großen Basar können sie gut zu Mittag essen. Tra-

> SPEZIALITÄTEN

Genießen Sie die typisch İstanbuler Küche

arjantin – Bier mit einem Schuss Wodka: billig und katergefährlich!
arnavut ciğeri – gebratene zarte Lammleberstücke mit Zwiebeln
baklava – feines Dessert aus vielen Lagen Blätterteig, gefüllt mit Walnüssen oder Pistazien. Sehr süß! (Foto)
cacık – Joghurt mit Knoblauch und Gurkenstückchen
çerkeztavuğu – das „Huhn auf Tscherkessenart" aus Hühnerbrust, Walnüssen, Milch und Mehl ist eine Delikatesse und wird meistens kalt serviert

çiroz salatası – Salat aus luftgetrockneten Sprotten oder sehr kleinen Makrelen
iç pilav – Reisgericht mit Rosinen, Nüssen und Leberstückchen
imambayıldı – „Der Imam ist in Ohnmacht gefallen": Vorspeise aus Auberginen, mit Knoblauch
kadınbudu köfte – die „Frauenschenkel" aus Hackfleisch, Reis und Eigelb werden in der Pfanne gebraten
karides güveç – Shrimps, Tomaten und Pilze mit Käse überbacken
kaymaklı kadayif – raffinierter Nachtisch aus Teig mit Sahne
kefal pilakisi – Meeräsche, im eigenen Sud im Ofen zubereitet, mit Beilagen und lauwarm serviert
külbastı – zarte Lammfiletscheiben, mit Thymian gewürzt, ohne Öl gegrillt
lakerda – eine echte İstanbuler Köstlichkeit: in Salz eingelegter Thunfisch, unbedingt probieren
midye dolması – mit Rosinenreis gefüllte Miesmuscheln
paçanga böreği – Blätterteigtaschen, gefüllt mit luftgetrocknetem Schinken
rakı – den hochprozentigen klaren Schnaps mit Anis trinkt man mit Wasser milchig und dünn oder pur
sarı votka – Wodka, mit Zitronen gewürzt und lange gelagert
sigara böreği – gerollter Blätterteig mit Schafskäse und Petersilie
topik – armenische Vorspeise aus pürierten Kichererbsen
zeytinyağlı dolmalar – gefüllte Paprika oder Weinblätter in Öl, kalt serviert als Vorspeise

ditionelle Küche, viele Auberginengerichte, ruhig. *Nur mittags, So geschl. | Gami Çelebi Sokak 3, neben der Post (Kapalıçarşı) | Tel. 0212/527 33 46*

KARAKÖYÜM CAFÉ-RESTAURANT [122 B5]
Gut für ein Mittagessen während Ihrer Sightseeingtour. Tipp: die Kohlroulade mit Esskastanien und der Käsekuchen. *Tgl. | Kemeraltı Cad., Bankalar Han 2 (Karaköy) | Tel. 0212/244 68 08*

KATIBIM [129 D5]
Eine der beliebtesten Adressen der İstanbuler für alle Sorten von Kebab. Spitzenblick von Asien auf die historische Halbinsel. *Tgl. | Şemsipaşa Sahil Yolu 53 (Üsküdar) | Tel. 0216/3109080*

MEŞHUR BURSA KEBAPÇISI [122 C2]
In Beyoğlu ist dies eines der guten, billigen und schnellen Kebablokale. Versuchen Sie den İskenderkebab mit Tomatensauce und Joghurt! *Tgl. | İstiklal Cad. 45 (Beyoğlu) | Tel. 0212/249 93 72*

NATURE AND PEACE [122 C2]
Frische Gemüsegerichte. Vegetarische Menüs für nur 10 Euro. Klein und sauber. *Tgl. | İstiklal Cad., Büyük Parmakkapı Sokak 21 (Beyoğlu) | Tel. 0212/252 86 09*

Insider Tipp
PANO [122 B2]
Das schönste Weinlokal İstanbuls. Ohne Reservierung haben Sie hier keine Chance! *Tgl. | Kalyoncu Kulluğu Cad. 4 (Beyoğlu) | Tel. 0212/2926664*

PIZZERIA PIDO'S [123 E2]
Gute, solide Pizzeria im Bistrostil mit gutem Weinangebot unweit vom Taksim-Platz. Spezialität: Pizza *Melanzane* mit Auberginen. Sommergarten. *Tgl. | Dünya Sağlık Sokak 15, Gümüşsuyu (Taksim) | Tel. 0212/2494040*

TARIHI SULTANAHMET KÖFTECISI [127 D4]
Menü und Qualität dieses *köfte lokantası* gegenüber der Blauen Moschee haben sich seit über 80 Jahren nicht mehr verändert. Hackfleischbällchen schmecken nirgends so gut wie hier. *Tgl. | Divanyolu Cad.12/A (Sultanahmet) | Tel. 0212/513 14 38*

TEEGÄRTEN

BEBEK KAHVE [129 D4] Insider Tipp
Wird vor allem von Studenten der nahen Bosporus-Universität besucht. Empfehlenswert auch das Starbucks-Café daneben mit schöner Holzterrasse am Meer. *Tgl. | Bebek Camii Yanı (Bebek)*

ÇINILI KÖŞK [127 E3–4]
Eine Oase der Ruhe: Nach dem Besuch des Topkapı-Palasts oder des Archäologischen Museums können Sie in dem bezaubernden Garten eine Pause im Freien einlegen und sich entspannen. *Di–So 9–18 Uhr | beim Archäologischen Museum, nur vom Museum aus zugänglich (Sultanahmet)*

MODA ÇAY BAHÇESI [129 D5]
Auf der asiatischen Seite mit Blick von den Prinzeninseln bis Topkapı. Ideal für Familien mit kleinen Kindern, denn es gibt einen schönen Spielplatz *Tgl. | Devriye Sokak 7 (Moda)*

> BASARE UND BOUTIQUEN

İstanbul bietet neben Teppichen und Goldschmuck, Kalligrafien und Antiquitäten auch moderne Leder- und Bekleidungsstücke

> In İstanbul kommen beim Shoppen alle auf ihre Kosten: Neben jahrhundertealten Basaren gibt es moderne Einkaufsviertel und feine Shoppingmalls, die Hunderte von Geschäften beherbergen.

Die Wochenmärkte werden von Touristen selten aufgesucht, obwohl hier gute Textilien, vor allem Kinderkleidung, Unterwäsche und Strümpfe zu Dumpingpreisen angeboten werden – Exportüberschüsse, die bis zu einem Zehntel ihres Preises in EU-Ländern kosten. Wer sich für Schmuck, Teppiche und altes Handwerk interessiert, wird auf der historischen Halbinsel nördlich des Sultanahmet fündig.

Der Große Basar *Kapalı Çarşı* gehört zu jedem Besichtigungsprogramm, auch wenn man nichts einkaufen möchte. Im Gewürzbasar *Mısır Çarşısı* in Eminönü gibt es Hunderte Gewürze und Heilkräuter.

Bild: Großer Basar von İstanbul

EIN KAUFEN

Da Gold in der Türkei billiger ist als in EU-Staaten, gehört auch Schmuck zu beliebten Mitbringseln aus İstanbul. Gold wird in drei Sorten gehandelt: 22 Karat sind z. B. die Armreifen. Die gängigsten Stücke haben 18 bis 16 Karat. Weißgold, *beyaz altın,* ist nicht allzu verbreitet. Es gibt ein großes Angebot an Edelsteinen, allen voran Diamanten, *elmas,* und Brillanten, *pırlanta,* die Türkinnen besonders lieben.

Alte Kalligrafien, Stiche und Fotografien finden Sie im Bücherbasar oder in den zahlreichen Antiquitätengeschäften in Beyoğlu. Bei teuren Stücke können Sie ruhig handeln – vergleichen Sie die Preise, bevor Sie sich auf Ihr gutes Gefühl verlassen.

Moderne Shoppingmeilen mit Cafés und kleinen Restaurants gibt es auf der europäischen Seite in *Teşvikiye, Nişantaşı, Şişli* und *Etiler* und auf der asiatischen Seite in der *Bağ-*

dat Caddesi. Alles unter einem Dach finden Sie in hochmodernen Einkaufszentren wie *Akmerkez* (Etiler) oder *Kanyon* (Levent).

Schließlich die Teppiche und Kelims: Die ersteren sind geknüpft, die zweiten gewebt, beide haben ihren Charme. Die besten Teppiche sind die mit der höchsten Knotenzahl pro Quadratzentimeter. Am teuersten sind die *Hereke* aus Seide, während *Bergama, Konya, Uşak* und *Kayseri* zu den besten aus Baumwolle geknüpften und naturgefärbten Teppichen gehören. Bei Kelims mit grafischen Mustern spielen Größe und Färbung eine Rolle: Mit Anilin gefärbte Kelims dürfen nicht nass werden, sonst verlaufen die Farben. Die meisten Händler schicken Ihren Teppich versandkostenfrei nach Hause. Wenn Sie ihn selbst mitnehmen wollen, müssen Sie am Zoll die Quittung vorlegen.

ANTIQUARIATE & BÜCHER

Insider Tipp

DENIZLER BOOKSTORE [122 B3]

Hier gibt es einfach alles zum Thema Meer: von Romanen über Tauch-Reiseführer bis zu Seekarten. Der Buchhändler ist ein leidenschaftlicher Sammler von Maritimem. Unbedingt reinschauen! *Mo–Sa 10–20 Uhr | İstiklal Caddesi 395 (Beyoğlu) | www.denizlerkitabevi.com*

DEUTSCHER BUCHLADEN (TÜRK-ALMAN KITABEVI) [122 B4]

Gute Adresse für Belletristik und Sachbücher in Deutsch Türkische Literatur in deutscher Sprache, aber auch deutsche Reiseführer oder Stadtkarten. *Mo–Fr 9–18.30, Sa 9–17 Uhr | Tünel, İstiklal Caddesi 481 (Beyoğlu) | www.tak.com.tr*

Das Buch zum Meer: Denizler Bookstore

SAHAFLAR [126 C4]

Direkt neben dem Großen Basar sind seit über einem Jahrhundert Antiquariate beheimatet. Alte Bücher, Manuskripte, Stiche und Miniaturen. *Tgl. 9–20 Uhr | Am Eingang des Großen Basars (Beyazıt)*

ANTIQUITÄTEN

ABDULLAH [126 C4]

Das Geschäft im Großen Basar gehört zu den ältesten Läden der Stadt. Seit Generationen werden hier

Schätze von alten İstanbuler Familien, Juwelen, kostbares Silber, Möbelstücke und andere Fundstücke aus der Geschichte der Stadt angeboten. *Mo–Sa 8–19 Uhr | Sandal Bedesteni Sokak 6 (Kapalı Çarşı)*

Insider Tipp **RAFFI PORTAKAL** [129 D5]

Von alten Gemälden, Kalligrafie und osmanischem Tafelsilber bis zu kostbaren Gläsern vom Tisch der Wesire: Das traditionsreiche Auktionshaus bietet nur das Feinste. *Mo–Sa 8–19 Uhr | Mim Kemal Öke Caddesi 12 und 19 (Nişantaşı) | www.rportakal.com*

SOFA ART & ANTIQUES [127 D4]

Von alten Drucken und Karten über Keramik und Silber bis hin zu antiken Teppichen bietet das große Haus in der Nähe des Basars alles, was das Touristenherz begehrt. *Tgl. 8–20 Uhr | Nuruosmaniye Caddesi 85 (Cağaloğlu-Sultanahmet) | Tel. 5202850 (-51) | www.kashifsofa.com*

TRÖDLER (ESKICILER) ★ [122 C3, 129 D5]

Antiquitäten sind in Istanbul sehr gefragt und teuer. In kleinen Trödelläden kann man aber fündig werden: antike Türen, Spiegel, Brunnen, Kapitelle u.a. Zwei gute Adressen: *Çukurcuma Cad. (Beyoğlu) und Büyük Hamam Sokak 30/32 (Üsküdar)*

KUNSTGEWERBE

ARASTA ÇARŞISI [127 E5]

In derselben Reihe wie das Byzantinische Mosaikmuseum stehen viele kleine Läden, die osmanische Handwerkserzeugnisse und Teppiche anbieten. *Tgl. 9–20 Uhr (Sultanahmet)*

EBRISTAN EBRU EVI [129 D5] Insider Tipp

Der Künstler Hikmet Barutçugil ist spezialisiert auf die jahrhundertealte türkische Kunst des marmorierten Papiers: Ein Blatt wird in mehreren Arbeitsgängen in verschiedene Farbwasser eingetaucht, wobei feine, ausgefallene Muster entstehen. *Mo–Sa 13–17 Uhr | İhsaniye, Hafiz Mehmet Bey Sokak 8 (Üsküdar) | www.ebristan.com*

İZNIK FOUNDATION ★ [129 D4]

Die Stiftung belebt seit einigen Jahren in ihren Werkstätten südlich von İstanbul, am Geburtsort des Handwerks, die fein bemalten Fayencen wieder, die z.B. die Blaue Moschee schmücken. Vom Tafelservice bis zu Aschenbechern reicht das Angebot. *Mo–Fr 8.30–18, Sa 10–17 Uhr | Ök-*

MARCO POLO HIGHLIGHTS

★ **İznik Foundation**
Hier gibt es schönste Keramik nach altosmanischen Rezepten (Seite 73)

★ **Kanyon**
Das Beste, was İstanbul an modernem Shopping zu bieten hat (Seite 76)

★ **Şişko Osman**
Osman kennt sich mit Teppichen aus wie kein anderer in İstanbul (Seite 77)

★ **Trödler**
Die Vintage- und Antiquitätenläden in Çukurcuma bzw. Üsküdar sind unbedingt einen Besuch wert (Seite 73)

süz Çocuk Sokak 17 (Kuruçeşme) | www.iznik.com

PAŞABAHÇE [129 D3]

Die staatlichen Glasfabriken verkaufen feine Produkte zu erstaunlich günstigen Preisen. Neben modernem Design gibt es altosmanische Stücke wie das blau-weiße *çesmi bülbül*. Verkaufsstellen in der ganzen Stadt, *z. B. Tünel, İstiklal Caddesi 314 (Beyoğlu) | Outlet im Norden, tgl. 10–22 Uhr | Büyükdere Caddesi (Maslak) | www.sisecam.com*

LEDER

Insider Tipp **CAME-I MUYI** [129 D4]

Zwei Ladies, Nurten Ceyhan und Semiha Turhan, betreiben eine exklusive Leder-Designerboutique im schicken Nişantaşı. Die Kreationen werden nach New York, London und Moskau exportiert. *Tgl. 10–20 Uhr | Abdi Ipekçi Caddesi 45, Lalezar Apt., 2. Etage (Nişantaşı) | www.cameimuyi.com*

DERIMOD [129 D6, 129 D4, 129 D3]

Die führende Marke der türkischen Ledermode stellt auch Schuhe und Handtaschen her. *Tgl. 10–20 Uhr | Bağdat Caddesi 303 (Kadıköy), Akmerkez, Nispetiye Caddesi (Etiler), Outlet Büyükdere Caddesi 59 (Maslak) | www.derimod.com.tr*

DERISHOW [128 C4, 129 D3, 128 C4]

Hersteller von feinen Lederjacken. Das Modehaus bietet auch Stoffkleidung von guter Qualität und originellem Design an. *Tgl. 9.30–19.30 Uhr | Fulya, Ihlamur Caddesi, Yesilcimen Sok.17 (Beşiktaş) | www.derishow.com.tr*

MODE

BEYMEN [129 D3–4]

Die türkische Nobelmarke sticht mit feinen Stoffen und klassischem Design ins Auge. Auch Unterwäsche, Seidentücher, Schuhe, Porzellan und Haustextilien. Im Outlet zudem internationale Marken. *Tgl. 10–22 Uhr | Akmerkez, Nispetiye Caddesi (Etiler) | mit Café und dem Nobelfriseur Kiramer unter einem Dach | Abdi Ipekci Caddesi 23/1 (Nişantaşı) | Outlet tgl. 10–19.30 Uhr | Adnan Kahveci Caddesi 116 Ferahevler (Tarabya) | www.beymen.com.tr*

MAVI JEANS [122 C2]

Das Modehaus produziert in bewährter amerikanischer Qualität Jeans, T-Shirts, Pullis und Jacken. *Tgl. 9.30 bis 21 Uhr | İstiklal Caddesi 117 (Beyoğlu) | www.mavi.com*

VAKKO [122 C2, 129 E6]

Traditionsreiches, auf mehrere Läden verteiltes Haus des jüdisch-türkischen Modemachers Vitali Hakko in Nişantaşı. *Tgl. 10–20 Uhr | Abdi Ipekci Caddesi Nr. 31 (Herren), Nr. 37 (Hochzeitskleider), Nr. 38 (Damen) und Nr. 48 (Schuhe und Handtaschen) | www.vakko.com.tr*

YARGICI [129 D4]

Schöne Frauenmode aus der Hand der Modedesignerin Neslihan Yargici zu durchaus erschwinglichen Preisen: zarte Farben, sehr gute Woll- und Leinenstoffe, klassischer Chic. Auch Handtaschen, Schuhe, Schmuck und Accessoires. *Mo–Sa 9.30–19.30, So 13–18 Uhr | Valikonağı Caddesi 30 (Nişantaşı) | www.yargici.com.tr*

SCHUHE

BETA [122–123 C–D2]

Die Brüder Ercan und Taner Ikiisik begannen vor 30 Jahren in einer kleinen Werkstatt in Levent Schuhe zu produzieren. Heute werden täglich 1500 Schuhe für das In- und Ausland fertiggestellt. Stil: bequem, lässig und robust aus echtem Leder. *Tgl. 10–19 Uhr | İstiklal Caddesi 69 (Beyoğlu-Taksim) oder Tunaman Çarşısı, Şakayık Sokak 47 (Nişantaşı) |* *www.betashoes.com*

HOTIC [122 C2]

Kaufen Sie Schuhe in İstanbul, denn sie sind hier gut, schick und auf jeden Fall billiger als in Deutschland. Die Marke Hotic macht seit über 70 Jahren Schuhmode. *Tgl. 9.30–21.30 | İstiklal Caddesi 153 (Beyoğlu) | www.hotic.com.tr*

SCHMUCK

ANTIKART [122 C2]

In der Juwelierpassage befinden sich mehrere Schmuckläden. Hier werden vor allem schöne Repliken trojanischen und hethitischen Schmucks angeboten. *Mo–Sa 10–21.30, So 12 bis 21.30 Uhr | İstiklal Caddesi 207 | Atlas Kuyumcular Çarşısı 32 (Beyoğlu)*

EFE JEWELLERY [127 D4] Insider Tipp

Herausragender Schmuck aus Gold und Silber. Die Kollektionen tragen hübsche Namen wie Fibula, Lal oder Montur und werden auf der Website vorgeführt. *Tgl. 9–21 Uhr | Nuruosmaniye Caddesi 41 (Cağaloğlu) | www.efegold.com*

GILAN [129 D4, 127 D4]

Nach alten anatolischen Mustern neu angefertigter, wertvoller Schmuck in

Shoppingglück nicht nur für türkische Frauen: ein Besuch im Modehaus Vakko

Silber und Gold. *Tgl. 9–19 Uhr | Akmerkez 123, Nispetiye Caddesi (Etiler), Nuruosmaniye Caddesi 58 (Cağaloğlu)* | www.gilan.com.tr

URART [0]

Die Avantgarde junger türkischer Designer bietet hier ihre Kunstwerke aus Silber, Gold und anderen Materialien feil. Repliken altanatolischen und trojanischen Schmucks. *Mo–Sa 9–19 Uhr | Abdi İpekçi Caddesi 18 (Nişantaşı)* | www.urart.com.tr

SHOPPING MALLS

AKMERKEZ [129 D4]

Schick und teuer: Die 140 Designershops und Restaurants erhielten den „Best Shopping Center Europe Award". *Tgl. 10–22 Uhr | Nispetiye Caddesi (Etiler) | mit der Metro von Taksim nach Levent und weiter mit dem Taxi*

> LOW BUDGET

- Im Laden Gerekli Şeyler *(tgl. | Şakayik Sokak 38/2, Nişantaşı Plaza | Teşvikiye-Taksim | Tel. 291 06 91)* gibt es DVDs ab 3,50 Euro mit einer Riesenauswahl an Spielfilmen.
- Der Trödelladen Tombak [122 C3] *(tgl. 10–20 Uhr | Faikpaşa Yokuşu 34, Çukurcuma | Beyoğlu-Taksim | Tel. 0212/244 36 81)* ist bis zur Decke voll.
- Günstige Badeanzüge und Bikinis bester Qualität: Ayyıldız [128 C4] *(tgl. 9–20 Uhr | Atiye Sokak 8 | Teşvikiye | www.ayyildiz.com.tr)*.
- Unterwäsche der Marke Kom gibt es günstig im Outlet *(tgl. 9–19 Uhr | Güvenç Sokak 15-17/A | Bomonti-Şişli | www.kom.com.tr)*.

CAPITOL [129 D5]

Schickes Einkaufszentrum auf der asiatischen Seite, unweit der Zufahrtsstraße zur Ersten Bosporusbrücke. Cafés und ein modernes Kino mit acht Sälen. *Tgl. 9–22 Uhr | Capitol Alışveriş Merkezi (Altunizade)*

KANYON ★ [129 D4]

Die Sensation des Jahres 2006 war die Eröffnung des hochexklusiven Einkaufszentrums in Levent (*Metro-Station Dördüncü Levent, Taksim*). Auf vier Etagen über 160 Läden, von Dior über Harvey Nichols zu Max Mara Dutzende von Modemarken. Ein schöner Buchladen (*Remzi*), Cafés und Restaurants (z.B. *Wagamama*) sowie ein Multiplex-Kino (*Mars*) runden das Angebot im Kanyon-Zentrum ab, das selbst ein Architekturwunder ist. *Tgl. 10–22 Uhr | Büyükdere Cad. 185 (Levent) | Tel. 0212/353 53 00* | www.kanyon.com.tr

SPEZIALITÄTEN

BEBEK BADEM EZMESI [129 D4] Insider Tipp

Für die exzellenten türkischen Delikatessen wie Marzipanrollen oder Mandelbonbons lohnt es, den Bosporus hinaufzufahren. *Tgl. 9.30–20 Uhr | Cevdet Paşa Cad. 238/1 (Bebek)*

BÜNSA [122 B–C2]

Ein Naturkostladen wie aus dem Bilderbuch: neben Gewürzen und luftgetrockneten Früchten auch Honig vom Schwarzen Meer. *Tgl. 10–19 Uhr | Balık Pazari 26 (Galatasaray)*

STOFFE

SIVASLI YAZMACISI [126 C4]

Bunt gemusterte und bedruckte Baumwollstoffe aus Ostanatolien verkauft das traditionsreiche Geschäft im Großen Basar. Auch Handgewebtes, Besticktes und Gehäkeltes. *Tgl. 8.30–19 Uhr | Yağlikçilar Sokak 57 (Kapalı Çarşı)*

ŞIŞKO OSMAN ★ [126 C4]
„Osman der Dicke" ist eine der besten Adressen für wertvolle Teppiche im Großen Basar. Auf seiner Website erklärt er die Motive der Teppiche.

Ausgezeichnet: Die Akmerkez gilt als die beste Shopping-Mall Europas

TEPPICHE

ETHNICON [126 C4]
Insider Tipp
Die Firma ist spezialisiert auf originelle Patchwork-Kelims, die aus alten Stücken neu zusammengenäht werden. Das Ergebnis sieht wunderschön aus. *Mo–Sa 8.30–19 Uhr | Takkeciler Sokak 58–60 (Kapalı Çarşı) |* www.ethnicon.com

HAZAL KILIM & HALI [129 D4]
Reichhaltiges Angebot an Kelims und Teppichen. *Mo–Sa 9.30–19, So 10–19 Uhr | Mecidiyeköy Köprüsü Sokak 27–29 (Ortaköy)*

Mo–Sa 8.30–19 Uhr | Halıcılar Caddesi 49, Zincirli Han 15 (Kapalı Çarşı) | www.siskoosman.com

WOCHENMARKT

GALATASARAY BALIK PAZARI ▶▶ [122 B–C4]
Einer der ältesten Fischmärkte der Stadt neben der Çiçek Pasajı. Auch ohne Kaufabsicht tut er den Sinnen gut. Das Angebot an getrocknetem und eingelegtem Fisch ist gigantisch. Auch Käse, Süßes und andere Spezialitäten. *Tgl. bis spät in die Nacht | Galatasaray (Beyoğlu)*

> TANZ UNTER DEN STERNEN

Es muss nicht immer Bauchtanz sein: İstanbul lädt auch in Open-Air-Diskotheken und verrauchte Jazzkeller ein

> İstanbul schläft nicht – vom ausgedehnten Essen in einem der guten Restaurants am Bosporus bis zur obligatorischen Morgensuppe in einem der vierundzwanzig Stunden am Tag geöffneten Lokale gibt es tausendundeine Möglichkeit, einen unvergesslichen Abend zu verbringen.

Die İstiklal Caddesi mit ihren Seitenstraßen spricht ein avangardistisches Publikum an. Wer's feiner mag, geht Richtung Levent oder runter zum Bosporus. Ortaköy und die Kadife Sokak in Kadıköy sind für jeden Geschmack gut und nicht allzu teuer. In den meisten Kneipen (hier heißen sie durchweg Bars) geht es laut zu, und es gibt oft Livemusik. In İstanbul gibt es aber auch sehr schöne, ruhige Bars am Bosporus, in Kuruçeşme oder Ortaköy. Die Roofbars der großen Hotels wie Conrad, Inter-Continental oder Etap Marmara sind nicht zu unterschätzen: Hier gibt's den schönsten Blick über das nächtliche İstanbul.

Bild: Nachtleben auf der Galatabrücke

AM ABEND

Die Bauchtanzshows der *gazinos* in der İstiklal Caddesi sind von mäßigem Niveau und überteuert. Ansprechend, aber auch teuer, ist die „Türkische Nacht“ im Galata-Turm. Die schönste Kulisse für eine Sommernacht bieten die Kneipen und Diskotheken in Kuruçeşme an der Ersten Bosporusbrücke.

Obwohl die meisten Lokale Kreditkarten akzeptieren: Nehmen Sie für alle Fälle Bargeld mit! In den Musikkneipen und Diskos zahlt man entweder Eintritt (ab 5 Euro mit einem Gratisdrink) oder einen festen Preis für das erste Getränk, egal ob Whiskey oder Mineralwasser. Vor allen Diskotheken und auch mancher guten Kneipe stehen Bodyguards, die eine Gesichtskontrolle vornehmen. In der Regel wird Damenbegleitung verlangt. Für den Weg nach Hause lassen Sie sich lieber vom Portier ein Taxi rufen, anstatt in ein vorbeifahrendes einzusteigen – das ist in jeder Hinsicht sicherer.

BARS & KNEIPEN

Stimmungsvolles Ambiente: Blick ins Kulturzentrum Bilsak Beşinci Kat

BARS & KNEIPEN

ANDON [123 D2]
Das alte Stadthaus bietet auf fünf Etagen eine Disko, ein schönes Stadtcafé, eine gute Weinbar und ein türkisches Restaurant mit Livemusik. Ganz oben Insider Tipp Terrasse mit Meerblick. *Mo–Sa 17–4 Uhr | Sıraselviler Caddesi 89 (Beyoğlu) | www.andon.com.tr*

ANJELIQUE [129 D4]
Inkneipe am Bosporus. Liebhaber von Cocktails, schönen Menschen und gängigen Hits sind hier richtig. *Tgl. 18–4 Uhr | Muallim Naci Caddesi, Salhane Sokak 10/2 (Ortaköy)*

BEBEK BAR ★ [129 D4]
In den 1980ern gehörte sie zu den besten Bars der Welt. Wunderschön ist es hier bis heute: Die gut besuchte Bar des traditionsreichen Hotels Bebek am Bosporus ist für einen Drink ideal. Tolle Terrasse mit Blick über das Meer. Teuer! *Tgl. 17–1 Uhr | Cevdet Paşa Caddesi 113–115 (Bebek) | www.bebekhotel.com.tr*

BILSAK BEŞINCI KAT [123 D3]
Der „Fünfte Stock" eines alternativen Kulturzentrums bietet einen tollen Blick über den Bosporus. *Tgl. 10–2 Uhr | Sıraselviler Caddesi Soğancı Sokak 7 (Cihangir) | www.5kat.com*

BURJUVA BAR [129 D4]
2009 neu eröffnet, ist die Bar in kürzester Zeit zu einer sehr beliebten Szenekneipe in Uppertown Nişantaşı geworden. Die Cocktails heißen vielversprechend *Gigolo* oder *Victoria's Secret. Mo–Sa 18–2 Uhr | Longtable, Teşvikiye Caddesi 23 (Nişantaşı-Taksim) | Tel. 0212/368 18 18*

JAMES JOYCE IRISH PUB/ THE IRISH CENTRE [122 C2]
Im Hintergrund läuft stets irische Musik vom Band, am Wochenende wird auch häufig live gespielt. Pubmenü. Beliebt nicht nur bei Iren. *Tgl. 13–2 Uhr | İstiklal Caddesi, Balo Sokak 26 (Beyoğlu) | www.theirishcenter.com*

KÜÇÜK BEYOĞLU [122 C2]
Das „Klein-Beyoğlu" besteht aus vier Kneipen, die eine eigene Kneipengasse im Vergnügungsviertel bilden. *La Rambla, Fabrika, Paralel* und *Last Pub* gehören zusammen und bieten drinnen 900, draußen 300 Gästen Platz. *Tgl. 10–2 Uhr | Yeşilçam Sokak (Beyoğlu-Taksim) | Tel. 0212/2175 99*

LINE [122 C2]
Mit ihrer minimalistischen Einrichtung hebt sich die Kneipe von den verrauchten Bars in Beyoğlu ab. Am Wochenende Liveauftritte von Rockbands. *Tgl. 12–4 Uhr | Büyükparmakkapı Sokak 14 A/B (Beyoğlu) | www.linemusicclub.com*

LOKAL MEYDAN [122 B4]
Die Kneipe ist nicht zu übersehen: Direkt am Tünel-Platz ist es tagsüber ruhig. Abends wird auf den beiden oberen Etagen das Tanzbein geschwungen. Ideal als Treffpunkt. *Tgl. 11–2 Uhr | İstiklal Cad. 186 a, Tünel (Beyoğlu-Taksim) | Tel. 2454028*

THE NORTH SHIELD [129 D3, 129 D4]
Kühles Bier zum Fußballspiel auf der Großbildleinwand, einen Aperitif am frühen Abend oder einen Cognac am Kamin: Den englischen Pub gibt es gleich dreimal in İstanbul *Tgl. 16–1 Uhr | İstiklal Cad. 24–26 (in der Kinopassage, Beyoğlu) | Abdi Ipekci Cad. 40 (Nişantaşı) | İskele Cad. 38 (Kalamis Marina) | www.thenorthshield.com*

SARDUNYA [123 D4]
Am Bosporus im alten Hafen von Karaköy. Eine runde Bartheke im Freien lädt zu Drinks und Plausch ein. Ruhig, gemütlich. *Nur im Sommer, tgl. 19–1 Uhr | Meclis-i Mebusan Caddesi 22, Salıpazarı (Karaköy) | www.sardunyafindikli.com*

TOUCHDOWN [129 D4] Insider Tipp
Gut besucht und bestens geeignet für einen Drink nach dem Shopping. *Tgl. 10–0.30 Uhr | Abdi Ipekçi Caddesi 61/11, Reasürans Çarşısı (Teşvikiye) | www.touchdown.com.tr*

W LOUNGE [129 D4]
Die noble Häuserzeile *Akaretler* in Besiktas aus dem 19. Jh. wurde im Winter 2008/09 stilecht restauriert. Die Bar-Kneipe hat die Besonderheit, an sieben Tagen der Woche 24 Stunden pro Tag geöffnet zu sein!

MARCO POLO HIGHLIGHTS

★ **Reina**
Wo sich tout le monde am Bosporus trifft. Ab Mitternacht geht es hier rund (Seite 82)

★ **Hayal Kahvesi**
Türkischer Rock und Blues – im Sommer tanzen die Gäste unter den Sternen (Seite 84)

★ **Bebek Bar**
Klassische und ruhige Bar mit schönem Blick über das Meer (Seite 80)

★ **Nardis**
Der Club am Galata-Turm präsentiert die beste Jazzmusik in ganz İstanbul (Seite 85)

Süleyman Seba Caddesi 22, Akaretler (Beşiktaş) | *Tel. 381 21 21*

BOSPORUSTOUREN

LÜFER TOUREN [129 D-4]

Die größte Firma am Bosporus mit 15 Booten, vom romantischen Kahn bis zum gediegenen Ausflugsdampfer. Es gibt verschiedene Touren, von der geschlossenen Gruppenfahrt bis hin zu Einzeltrips. Eine Abendtour beginnt um 19.30 Uhr in Bebek und endet um Mitternacht. Auch in Beylerbeyi auf der asiatischen Seite kann zugestiegen werden. *Ab ca. 15 Euro* | *Tasocagi Mevkii Balabandere 5 (Istinye)* | *Tel. 0212/229 64 64* | *www.lufer.com.tr*

SEMIRAMIS 1 [129 D4]

Eines der größten Boote am Bosporus. Mit Essen und Getränken 20 Euro, mit nur einem Drink 17 Euro. Auch halb- und ganztägige Bosporustouren. *Ab Kuruçeşme* | *Valikonağı Caddesi, Zafer Sokak 29/1 (Nişantaşı)* | *Tel. 0212/248 51 27* | *www.semiramis1.com*

> LOW BUDGET

- Hotelbars mit Blick auf die Stadt müssen nicht unerschwinglich sein. An der langen Theke des *Richmond Hotels* [122 B3] *(tgl. 17–2 Uhr | Bar Leb-i Derya, İstiklal Caddesi 445, 6. Etage | Beyoğlu | Tel. 0212/243 43 75)* gibt es Grogs für 4,50 Euro.
- Donnerstag ist „Volkstag" in den Kinos, man zahlt nur 4–5 Euro. Die Filme laufen im Original mit türkischen Untertiteln. Das Programm steht in der Tageszeitung *Radikal.*
- Von 1. Juli bis 1. Sept. kosten die fünfstündigen Mondscheinfahrten der Städtischen Fährgesellschaft zu den *Prinzeninseln* nur 5 Euro. *Abfahrt samstags um 19 Uhr vom Anleger Moda* [129 D5] *auf der asiatischen Seite* | *www.ido.com.tr*

DISKOTHEKEN

CLUB 29 [129 E3]

Die Schönen und die Reichen treffen sich hier in einer Art hadrianischer Villa mit Restaurant, Diskothek und Poolbar direkt am Bosporus. *Juni bis Sept. tgl. 10–18 und 21–4 Uhr* | *Pasabahçe Yolu 24 (Çubuklu)* | *www.club29.com*

CRYSTAL [129 D4]

Trendige Disko mit House- und Technomusik. Mit İstanbuls bekanntesten DJs. Eintritt inkl. ein Drink 18 Euro. *Do 23–4, Fr/Sa 0.30–6.30 Uhr* | *Muallim Naci Caddesi 65 (Ortaköy)* | *www.clubcrystal.org*

MOJO [122 C2]

Rockkneipe, gelegentlich Livemusik. *Tgl. 19–4 Uhr* | *Büyükparmakkapı Sokak 26 (Beyoğlu)* | *www.mojomusic.org*

REINA ★ [129 D4]

Direkt am Bosporus gelegen, beherbergt der hippe Riesenclub zehn verschiedene Bars, Cafés und Restaurants. Ohne Resevierung kein Einlass! *Juni–Okt. tgl. 17–3 Uhr* | *Muallim Naci Caddesi 44 (Kuruçeşme)* | *www.reina.com.tr*

SORTIE [129 D4]

Angesagter Open-Air-Club: Für 20 Euro Eintritt gibt es einen Drink und eine unvergessliche Nacht unter den

Sternen. Achtung: Am Wochenende wird es extrem voll! *Juni–Okt. tgl. 19–4 Uhr | Muallim Naci Caddesi 141/142 (Kuruçeşme) | www.sortie.com.tr*

SWITCH [122 B3]
Das Lokal liegt in Beyoğlu gegenüber dem Geschäftshaus Odakule. Von jungen Leuten bevorzugt, Avantgardemusik. *Fr/Sa 23–4 Uhr | İstiklal Caddesi Muammer Karaca Çıkmazı 3 (Beyoğlu)*

KINOS

Filme werden immer im Original mit türkischen Untertiteln gezeigt. Neben modernen Multiplexkinos gibt es noch ein paar alte Filmtheater, die ihren Charme bewahrt haben. Entlang der İstiklal Caddesi finden Sie ein Kino neben dem anderen. Anfangszeiten und Programm entnehmen Sie den Programmheften oder den großen, leicht verständlichen Anzeigen in den Tageszeitungen oder dem Internet.

MOVIEPLEX [129 D4]
Großes, modernes Kino. Hier laufen stets die aktuellsten Filme. *Nispetiye Caddesi Melodi Pasajı 14 (Etiler)*

Der Flair von İstanbul: In lauen Sommernächten sitzt man im Reina unter freiem Himmel

MUSIKCLUBS

BABYLON ▶▶ [122 B4] Insider Tipp
Kneipe und Kulturzentrum zugleich: Das *Babylon* bietet Konzerte und Off-Theater auf hohem Niveau. Während des İstanbuler Jazzfestivals ist der Club feste Bühne für Konzerte. Von der Zeitschrift DownBeat unter die 100 besten Jazzlokale der Welt gewählt. *Di–Sa 21.30–4 Uhr | Asmalımescıt, Şehbender Sokak 3 (Tünel) | www.babylon-ist.com*

MUSIKCLUBS

BALANS MUSIC & PERFORMANCE HALL [122 C2]
Livemusik und Konzerte, nicht nur türkischer Sänger und Gruppen. Sehr beliebt bei den İstanbulern. *Mi–Sa 21–4 Uhr | Galatasaray, Balo Sokak 22, Ecke Nevizade (Beyoğlu) | www.balansmusichall.com*

EYLÜLIST [129 D4]
Wer türkische Liedermacher kennenlernen will, ist hier richtig. Im Erdgeschoss gibt's ein Café mit Meeresblick, oben eine Kneipe. *Café tgl. 17–2, Programm 23.30–2.30 Uhr | 1 Caddesi 23 (Arnavutköy) | www.eylulist.com*

GALATA KULESI NIGHTCLUB [122 B4–5]
Bauchtänzerinnen, Volkstänzer und Sänger treten im Genueserturm auf. Dazu der schöne Blick auf die Altstadt. Touristisch und teuer. *Tgl. 20–2 Uhr | Hendek Caddesi (Beyoğlu) | www.galatatower.net*

GHETTO [122 C2]
Eine Musiklounge, die 2007 von dem türkisch-amerikanischen Jazzsaxofonisten Ilhan Ersahin mitten in Beyoğlu eröffnet wurde. Musiker von Weltklasse – kein Konzertsaal, sondern Club nach New Yorker Konzept. *Do–So 22–4.30 Uhr | Kalyoncu Kulluk Caddesi 10 (Beyoğlu) | Programm und Tickets: www.biletix.com*

HAYAL KAHVESI ★ [122 C2, 129 E3]
Traditionelle Rock- und Bluesкneipe in Beyoğlu mit wechselnden türkischen Gruppen. Gutes Bier, laute Musik. Im Sommer öffnet die Dependance *Çubuklu* auf der asiatischen Seite: Tanz im Freien am Bosporus. Von İstinye gibt es Shuttleboote dorthin. *Beyoğlu: tgl. 21–4 Uhr | Büyükparmakkapı Sokak 19; Çubuklu: tgl. 12–2 Uhr | tagsüber Café, Küche 19–24, Fr/Sa Livemusik 23–4 Uhr | Burunbahçe Mevkii (Çubuklu) | www.hayalkahvesi.com.tr*

Insider Tipp

Im Roxy wird nicht nur gefeiert, sondern auch Musik gemacht

İSTANBUL JAZZ CENTER [129 D4]
Einer der besten internationalen Jazzclubs, unter dem Dach des Radisson Hotels. Neben regelmäßigen Konzerten gibt es ein feines Restaurant und einen schöne Garten für laue Jazzabende mit internationalen Musikern. Teuer! *Tgl. 18–3 Uhr | Mo ohne Livemusik | Ciragan Cad. 48 (Ortaköy) | www.istanbuljazz.com*

Insider Tipp

KEMANCI ROCK BAR [123 D2]
Jeden Abend Liverock und Pop im „Geiger". Auch Off-Theater und Performances. Die alternative Kneipe İstanbuls auf zwei Etagen mit Disko. *Kneipe tgl. 13–4, Disko tgl. 19.30–4 Uhr | Sıraselviler Caddesi 69/1 (Taksim) | www.kemanci.org*

Insider Tipp

MIMI TAVERNA [129 D4]
Eine Institution in İstanbul, die nicht nur unter den verbliebenen Griechen beliebt ist: Hier wird getanzt und gezecht, was das Zeug hält. Griechische Musik, oft live durch İstanbuler Griechen vorgetragen, und üppige Vorspeisenplatten begleiten das Vergnügen. *Di–So 19–3 Uhr | 1. Cadde 68 (Arnavutköy) | www.mimitaverna.com*

NARDIS ★ [122 B5]
In dem 2003 am Galata-Turm eröffneten Club treten die türkischen Jazzgrößen sowie ausländische Künstler auf. Sehr empfehlenswert! *Livemusik So–Do 21.30–0.30 Uhr, Fr–Sa 23.30–1.30 Uhr | Kuledibi Sokak 14 (Galata) | www.nardisjazz.com*

OLYMPIA WISH CLUB [122 B3]
Baba Zula, Manga, Nev, Kurban heißen die berühmtesten Alternativbands İstanbuls, die in ihrer Musik eine Synthese aus Ost und West anstreben. Hier können Sie sie live erleben. *Mi–Sa 21–4 Uhr | İstiklal Caddesi, Acar Sokak 2 (Beyoğlu)*

ROXY/ROXANNE [121 D3]
Am Wochenende werden Partys gefeiert, sonst gibt es Latin, Blues und Jazz. Zu Festivalzeiten Bühne für hervorragende Musiker aus dem In- und Ausland. *Di–Sa 20.30–4 Uhr | Sıraselviler Caddesi, Aslan Yatağı Sokak 13 (Taksim) | www.roxy.com*

THE HALL [122 C2]
Wichtige Adresse in Beyoğlu mit Liveauftritten und DJs. Die Eintrittspreise ändern sich, Getränke kosten 4–12 Euro. Das Publikum darf auch etwas älter sein. *Fr/Sa 21–4 Uhr | Küçük Bayram Sokak 7, Beyoğlu (Taksim) | Tel. 0212/2448737*

OPER & SHOWTHEATER

Insider Tipp

SÜREYYA [129 D5]
Vom Kunstmäzen Süreyya Ilmen 1927 für die Bewohner der asiatischen Seite erbaut, hat das Opernhaus seit seiner Restaurierung 2008 einen unglaublichen Charme. Die İstanbuler Opern- und Ballettvorstellungen finden nunmehr hauptsächlich hier statt. Zehn Minuten zu Fuß vom Anleger Kadıköy entfernt. *Bahariye Cad. 29 (Kadıköy) | Tel. 0216/3461531 | www.sureyyaoperasi.org*

YENI-MELEK-SHOWTHEATER [122 C2]
Das Kino *Yeni Melek* in Beyoğlu wurde in eine Showbühne gehobener Qualität umgewandelt. Oft Konzerte türkischer Stars wie Sezen Aksu. *Gazeteci Erol Dernek Sokak 13 (Beyoğlu) | www.yenimelek.com*

> ZIMMER MIT AUSSICHT

Ob im Luxushotel am Bosporus oder in der alten osmanischen Holzvilla – Sie werden hier traumhaft schlafen

> In İstanbul finden Sie von luxuriös bis bescheiden alle Hotelkategorien. Aufgrund des großen Angebots ist es einfach, auch kurzfristig ein Zimmer zu bekommen. In Sultanahmet, im historischen Zentrum, findet man viele kleine, schön restaurierte Häuser, die sehr zu empfehlen sind. Diese Hotels werden mit einer Sondererlaubnis des Tourismusministeriums betrieben, das strenge Kriterien anlegt. Die Standard reichen von Warmwasser bis zu Satelliten- oder Kabelfernsehen, mit dem Sie auch deutsche Sender empfangen können. Ausländische Gäste werden auf Wunsch (gegen Gebühr) vom Flughafen abgeholt. Die Luxushotels machen Spezialangebote, bieten ermäßigte Wochenendtrips und Stadttouren an. Ruhe und Erholung erwarten Sie in den Hotels der Prinzeninseln – allerdings um den Preis, dass die Fährfahrt in die Innenstadt ca. 90 Minuten dauert.

Bild: Hotel Four Seasons

ÜBER NACHTEN

Billig ist die Übernachtung in der Stadt inzwischen nicht mehr, denn İstanbul ist in! Manche Hotels gewähren bei Buchungen übers Internet bis zu 40 Prozent Rabatt – eine gute Adresse dafür ist *www.istanbulhotels.com*. Andere geben auf ihren Websites höhere Preise an, als sie dann bei der Buchung tatsächlich verlangen. Rufen Sie lieber an, und fragen Sie nach dem genauen Preis. Auch verhandeln ist erlaubt!

HOTELS €€€

AJIA [129 E3] Insider Tipp

Elegantes Boutiquehotel in der restaurierten Bosporusvilla des Ahmet Rasim Pascha aus dem 19. Jh. Am oberen Verlauf des Bosporus, auf der asiatischen Seite. Romantisch, schick, direkt am Ufer gelegen. *16 Zi. | Ahmet Rasim Paşa Yalisi | Cubuklu Caddesi 27 (Kanlica) | Tel. 0216/413 93 00 | Fax 413 93 55 | www.ajiahotel.com*

HOTELS €€€

ANSEN 130 SUITES [122 B3]
Eine komfortable Alternative zum Hotelzimmer sind die Studios mit WLAN-Anschluss, Sat-TV, Klima und einer Küchenzeile. *10 Suiten, Meşrutiyet Caddesi 130 | Tepebaşı (Beyoğlu) | Tel. 0212/245 88 08 | Fax 245 71 79 | www.ansensuites.com*

THE MARMARA İSTANBUL [123 D2]
Mit großen Veranstaltungsräumen gehört das Haus zu den Zentren des Gesellschaftslebens. Die Roofbar bietet einen tollen Blick über die Stadt. *410 Zi. | Taksim Meydanı (Taksim) | Tel. 0212/251 46 96 | Fax 244 05 09 | www.themarmara.com*

Insider Tipp

Schlafen im historischen Viertel der Stadt: das Empress Zoe

BARCELÓ ERESIN TOPKAPI [124 B2]
Luxushotel in der Altstadt. Zentral, komfortabel. Schwimmbad mit Kinderbereich, Fitness, Hamam. *231 Zi., 18 Suiten | Millet Caddesi 186 (Topkapı) | Tel. 0212/631 12 12 | Fax 631 37 02 | www.barcelo.com*

BEBEK HOTEL [129 D4]
2006 renoviertes, exklusives Hotel mit einer wunderschönen Bar und Terrasse in der Bebek-Bucht. *21 Zi. | Cevdetpaşa Caddesi 34 (Bebek) | Tel. 0212/358 20 00 | Fax 263 26 36 | www.bebekhotel.com.tr*

THE MARMARA ŞIŞLI [128–129 C–D4]
2009 eröffnetes Hotel in der City, nahe den Einkaufsmeilen von Nişantaşı und dem Maçka-Park, durch die Metro auch an Taksim angebunden. *107 Zi. | Ortaklar Cad. 30, Mecidiyeköy (Şişli) | Tel. 0212/370 94 00 | www.themarmarahotels.com*

MIDTOWN [123 D2]
Neues Hotel am Taksim-Platz; neun Zimmer mit Bosporusblick. Die Lage ist ideal, das Ambiente modern, hell, freundlich. *80 Zi. | Lamartin Cad. 13*

Insider Tipp

ÜBERNACHTEN

(*Taksim*) | *Tel. 0212/361 67 67* | *Fax 361 67 68* | *www.midtown-hotel.com*

THE PRESIDENT [126 B5]
Best-Western-Komfort in der Nähe des Großen Basars. Der Clou ist der Pool auf der Dachterrasse mit schönem Blick auf das historische Zentrum und das Marmarameer. *208 Zi., 8 Suiten* | *Tiyatro Caddesi 25 (Beyazıt)* | *Tel. 0212/516 69 80* | *Fax 516 69 98* | *www.thepresidenthotel.com.tr*

RICHMOND [122 B4]
Direkt an der Flaniermeile in Beyoğlu gelegen, ist das Richmond ein fester Bestandteil der alten, europäischen Pera. Moderner Komfort hinter einer Fassade des 19. Jhs. *101 Zi., 8 Suiten* | *İstiklal Caddesi 445 (Beyoğlu)* | *Tel. 0212/252 54 60* | *Fax 252 97 07* | *www.richmondhotels.com.tr*

YEŞIL EV ★ [127 E5]
Im Herzen der historischen Stadt zwischen Hagia Sophia und Blauer Moschee gelegen. Prachtstück der restaurierten Gebäude des Türkischen Automobilclubs. Die Zimmer sind im Stil des 19. Jhs. gehalten. *20 Zi., 1 Paschasuite* | *Kabasakal Caddesi 5 (Sultanahmet)* | *Tel. 0212/517 67 85* | *Fax 517 67 80* | *www.istanbulyesilev.com*

HOTELS €€

AVICENNA [127 E5]
Schicke Villa in der Altstadt. Terrasse mit Meerblick. Komfortabel. *49 Zi.* | *Mimar Mehmet Ağa Cad., Amiral Tafdil Sokak 31/33 (Sultanahmet)* | *Tel. 0212/517 05 50* | *Fax 516 65 55* | *www.istanbulavicennahotel.com*

AYASOFYA MANSIONS ★ [127 E4]
In einer für den Autoverkehr gesperrten kleinen Straße zwischen der Hagia Sophia und dem Topkapı-Palast sind mehrere alte Holzhäuser restauriert und in ein schmuckes Hotel verwandelt worden. *56 Zi., 7 Suiten* | *Soğukçeşme Sokak (Sultanahmet)* | *Tel. 0212/513 36 60* | *Fax 513 36 69* | *www.ayasofyapensions.com*

EMPRESS ZOE [127 E5] Insider Tipp
Ein wunderbar restauriertes Eckhaus mit einem schönen kleinen Innenhof. *19 Zi.* | *Akbiyik Cadd. 4/1 (Sultanahmet)* | *Tel. 0212/518 25 04* | *Fax 518 43 60* | *www.emzoe.com*

MARCO POLO HIGHLIGHTS

★ **Bebek Hotel**
Nachts den vorbeifahrenden Segelyachten zuschauen: traumhaft (Seite 88)

★ **Ayasofya Mansions**
Restaurierte Holzhäuser an der Serailmauer (Seite 89)

★ **Yeşil Ev**
Vornehme Stadtvilla zwischen Hagia Sophia und Blauer Moschee (Seite 89)

★ **Merit Halki Palas**
Idylle auf der Prinzeninsel Heybeli (Seite 90)

★ **The Marmara Şişli**
Mondän im Nobelviertel Nişantaşı und dennoch sehr zentral (Seite 88)

★ **Mina Hotel**
Zentral, komfortabel und preisgünstig (Seite 92)

HOTELS €€

KARIYE [120 B3]
Etwas abseits, nahe der Chora-Kirche. *27 Zi. | Kariye Camii Sokak 18 (Edirnekapı) | Tel. 0212/534 84 14 | Fax 521 66 31 | www.kariyeotel.com*

KYBELE [127 D4]
Ein Haus voller osmanischer Accessoires in Sichtweite der Hagia Sophia. *16 Zi. | Yerebatan Caddesi 35 (Sultanahmet) | Tel. 0212/511 77 66 | Fax 513 43 93 | www.kybelehotel.com*

MERIT HALKI PALAS ★ [0]
Das beste Hotel auf den Prinzeninseln ist eine restaurierte Holzvilla mit Meerblick und großem Pool. *45 Zi. | Refah Şehitleri Caddesi 88 (Heybeliada) | Tel. 0216/351 00 25 | Fax 351 00 32 | www.halkipalacehotel.com*

RAMADA OLD CITY [125 D4]
Günstige Lage zwischen Flughafen und den Hauptsehenswürdigkeiten. Gutes Restaurant *Marmara, The*

> LUXUSHOTELS

Exquisites Wohnen und Übernachten in İstanbul

CEYLAN INTER-CONTINENTAL [123 D1]
Eines der älteren Luxushotels. Roofbar und ausgedehnte Terrassen bieten ein Rundumpanorama. Fitnesscenter. *390 Zi., 55 Suiten | ab 275 Euro | Asker Ocağı Cad. 1 (Taksim) | Tel. 0212/368 44 44 | Fax 368 44 99 | www.interconti.com.tr*

ÇIRAĞAN PALACE KEMPINSKI [129 D4]
Ein alter Sultanspalast, verbunden mit einem neuen Hotel in einer Anlage am Bosporus. Superluxus. *316 Zi., 16 Suiten | ab 300 Euro | Çırağan Caddesi 84 (Beşiktaş) | Tel. 0212/258 33 77 | Fax 259 66 87 | www.ciraganpalace.com*

FOUR SEASONS [127 E5]
Das unterhalb der Hagia Sophia gelegene ehemalige Gefängnis ist stilvoll restauriert und wurde für allerhöchste Ansprüche eingerichtet. *54 Zi., 11 Suiten | ab 320 Euro | Tevkifhane Sokak 1 (Sultanahmet) | Tel. 0212/638 82 00 | Fax 638 82 10 | www.fourseasons.com/istanbul*

FOUR SEASONS AT THE BOSPHORUS [129 D4]
2009 eröffnete die Dependence des *Four Seasons* in einem restaurierten osmanischen Palast des 19. Jhs. mit herrlichem Garten und Außenpool direkt am Meer. Nach Sultanahmet geht's per Shuttleboot. *166 Zi. | ab 400 Euro | Çırağan Cad. 28 (Beşiktaş) | Tel. 381 40 00 | Fax 381 40 10 | www.fourseasons.com/bosphorus*

HILTON [0]
Das älteste Luxushotel İstanbuls: mit grandiosem Bosporusblick, großem Garten, Tennisplätzen und Pool. *498 Zi., 15 Suiten | ab 165 Euro | Cumhuriyet Cad. (Harbiye) | Tel. 0212/315 60 00 | Fax 240 41 65 | www.hilton.com/hotels*

SWISSÔTEL THE BOSPORUS [129 D4]
Moderne Luxusanlage oberhalb des letzten Sultanspalasts mit allem Komfort. Sportanlagen, großes Fitnesscenter. *600 Zi. | ab 250 Euro | Bayıldım Cad. 2 (Maçka) | Tel. 0212/326 11 00 | Fax 326 11 22 | www.swissotel.com*

Ein Traum aus Tausendundeiner Nacht: Hotel Kybele

North Shield Pub und Wellnesscenter. Die Haltestellen der Straßenbahn und Metro sind gleich vor der Tür. *100 Zi. | Millet Cad. 82, Fındıkzade (Altstadt) | Tel. 631 20 20 | Fax 523 48 42* | *www.ramadaistanbul.com*

SOKULLU PAŞA **[127 D5]**
Einst als Wohndomizil des Großwesirs Sokullu (1512–60) gebaut. Gartenrestaurant, türkisches Bad. *37 Zi. | Küçük Ayasofya Mah. Şehit Mehmet Paşa Sokak 5–7 (Sultanahmet) | Tel. 0212/518 17 90 | Fax 518 17 93 | www.sokullupasahotel.com*

SULTANAHMET PALACE **[127 D–E5]**
Boutiquehotel mit Garten beim byzantinischen Mosaikmuseum; die Bäder sind kleine Hamams. Insider Tipp Deluxe-Zimmer mit Blick auf die Blaue Moschee oder aufs Marmarameer. *36 Zi | Torun Sokak 19 (Sultanahmet) | Tel. 0212/458 04 60 | Fax 518 62 24 | www.sultanahmetpalace.com*

TAXIM HILL **[123 D2]**
Gutes, komfortables Cityhotel im Herzen der Pera. Fragen Sie nach den Zimmern mit Bosporusblick! *50 Zi. | Sıraselviler Cad. 9 (Taksim) | Tel. 0212/334 85 00 | Fax 334 85 98 | www.taximhill.com*

YAŞMAK SULTAN **[127 D3–4]**
Älteres Hotel, sehr zentral unterhalb der historischen Halbinsel gelegen. Große Zimmer, Sauna und Hamam. *84 Zi. | Ebusuud Cad. 18–20 (Sirkeci) | Tel. 0212/528 13 43 | Fax 528 13 48 | www.yasmak.com*

HOTELS €

BALE **[122 B3]**
Verkehrsgünstig gelegenes, etwas lautes Haus. Modern eingerichtet, einige Zimmer mit Blick aufs Goldene Horn. *63 Zi. | Refik Saydam Cad. 312 | Tepebaşı (Beyoğlu) | Tel. 0212/ 253 07 00 | Fax 250 16 92*

CORDIAL HOUSE **[126 D5]**
Zwischen Blauer Moschee und dem Großen Basar gelegene, gute Herberge. Preiswert! *25 Zi. | Divanyolu Cad., Peykane Sokak 29 (Çemberlitaş) | Tel. 0212/518 05 76 | Fax 516 41 08 | www.cordialhouse.com*

HOTELS €

HALI [127 D5]
Modern und billig in der Altstadt. Dachterrasse mit Panoramablick. *80 Zi. | Klodfarer Cad. 20 (Sultanahmet) | Tel. 0212/516 21 70 | Fax 516 21 72 | www.halihotel.com*

INTER HOTEL [126 B5]
In der Nähe des Großen Basars gelegenes einfaches, aber gut geführtes Haus. *35 Zi. | Midhatpaşa Cad. | Büyük Haydar Efendi Sokak 29 (Beyazıt) | Tel. 0212/518 35 35 | Fax 518 35 38 | www.hotelinteristanbul.com*

MINA HOTEL ★ [127 D4]
Stadthotel mit schöner, geschlossener Terrasse fürs Frühstück. Sehr zentral. *44 Zi. | Piyerloti Caddesi, Dostluk Yurdu Sokak 6 (Cağaloğlu) | Tel. 0212/458 28 00 | Fax 458 28 08 | www.minahotel.com.tr*

Insider Tipp **NAZ WOODEN HOUSE INN** ▶▶ [127 E6]
Kleines, zentrales Hotel in einem renovierten Altbau, der sich an die historischen Stadtmauern anlehnt; mit Flughafen-Abholservice. *7 Zi. | Akbıyık Değirmeni Sokak 7 (Sultanahmet) | Tel. 0212/516 71 30 | Fax 518 54 53 | www.nazwoodenhouseinn.com*

PAMPHYLIA [127 E4]
Komfortables Hotel in einem alten Eckhaus. Geräumige, bequeme Zimmer, moderne Bäder. Ab drei Übernachtungen kostenloser Abholservice vom Flughafen. *40 Zi. | Yerebatan Caddesi 47 (Sultanahmet) | Tel. 0212/512 01 33 | Fax 513 01 33 | www.hotelpamphylia.com*

PLAZA [123 D3]
Einfaches Hotel in ruhiger Seitenstraße in der Nähe des Taksim-Platzes. Einige Zimmer mit Bosporusblick. *23 Zi. | Arslan Yatağı Sokak 19–21 (Cihangir) | Tel. 0212/245 32 73 | Fax 293 70 40*

SANTA SOPHIA [127 D4]
Renoviert und zentral gelegen. Alle Zimmer mit Bad, Klimaanlage und Satelliten-TV. *40 Zi. | Taşdirek Çeşme Sokak 20 (Çemberlitaş) | Tel. 0212/517 41 76 | Fax 638 65 23 | www.santasophia.com*

Hat die Zeiten überdauert: Das Grand Hotel de Londres ist kurios und erhaben zugleich

SED [123 E2]
Außen etwas zu grell gestrichen, innen einfach und komfortabel. Terrasse mit Superblick auf den Bosporus. *50 Zi. | Ömer Avni Mah., Besaret Sokak 14 (Ayaspaşa) | Tel. 0212/252 27 10 | Fax 252 42 74 | www.sedhotel.com*

UYAN [127 E5]
80 Jahre altes, restauriertes Holzhaus mitten im touristischen Zentrum mit einfach möblierten, sauberen Zimmern. Von der hohen Terrasse aus kann man die nächtliche Lichtshow an der Blauen Moschee verfolgen. *26 Zi. | Utangaç Sokak 25 (Sultanahmet) | Tel. 0212/516 48 92 | Fax 517 15 82 | www.uyanhotel.com*

VILLA ZÜRICH [122–123 C–D3]
Nur 5 Min. zum Taksim-Platz, trotzdem ruhig. Cafés, Kneipen und Antiquitätengeschäfte in der Nähe. Panoramablick vom Frühstücksraum. *45 Zi., 2 Sui. | Akarsu Yokuşu Cad. 44–46 (Cihangir) | Tel. 0212/293 06 04 | Fax 249 02 32 | www.hotelvillazurich. com*

FÜR JUNGE LEUTE

Allgemein gilt: 8–20 Euro, Studenten- oder Jugendherbergsausweis ratsam.

Insider Tipp

ORIENT HOSTEL [127 E5]
Sauber, zentral, komfortabel. Auch „Deluxe"-Zimmer mit Bad. Dachterrasse. *40 Zi., 92 Betten | Yeni Akbıyık Cad. 13 (Sultanahmet) | Tel. 0212/ 518 07 89 | Fax 518 38 94 | www.orienthostel.com*

SINBAD HOSTEL [127 E5–6]
Schöne Dachterrasse, ruhig. Vom Bett im 6er-Zimmer (8 Euro) bis zum DZ mit Bad (42 Euro). *22 Zi., 70 Betten | Küçük Ayasofya Demirci Reşit Sokak 3/5 (Sultanahmet) | Tel./Fax 0212/638 27 21, 518 23 05 | www.sinbadhostel.com*

STONE HOTEL [127 D5]
Ein schönes, altes Stadthaus wurde in ein Hotel umgewandelt. Terrasse mit Meerblick. *25 Zi., 67 Betten | Binbirdirek Mah. Su Terazisi Sokak 8 (Sultanahmet) | Tel. 0212/517 63 31 | Fax 518 18 37 | www.amphorahostel.com*

> LOW BUDGET

- Zentral und billig ist das *Angel's Home* [127 E5]: Ab 40 Euro kostet das DZ mit Frühstück – dazu eine Terrasse, von der aus man aufs Marmarameer und die Moscheen und Kirchen der historischen Halbinsel schaut. | *12 Zi. | Mimar Mehmet Aga Cad., Amiral Tafdil Sok. 22 (Sultanahmet) | Tel. 0212/638 19 96 | www.hotelangelshome.com*
- Der Charme vergangener Epochen: das *Grand Hotel de Londres (Büyuk Londra)* [123 B3] thront über dem Goldenen Horn. Bekannt aus Fatih Akins Kinofilm „Crossing The Bridge". Besonders günstig ist der nicht renovierte Flügel. *54 Zi., 12 Suiten | Mesrutiyet Cad. 117 (Tepebasi-Beyoğlu) | Tel. 0212/293 16 19 | www.londrahotel.net*
- Das Mittelklassehotel *Bern* [125 E4] ist solide, relativ zentral und günstig: Für 80 Euro gibt's ein DZ mit Halbpension, Kleinkinder zahlen nichts. *40 Zi. | Millet Cad., Muratpasa Sok. 1 (Fatih) | Tel. 0212/635 95 08 | www.bernotel.com*

KOMM, WIR GEHEN SPIELEN

Egal ob ins Strandbad, zur Miniatureisenbahn oder auf Eselstour: Die İstanbuler sind äußerst kinderlieb. So macht Urlaub Spaß!

AĞVA [O]

Für gestresste Eltern und unzufriedene Kids ideal sind der Fluss Göksu und die wunderschönen Familienbungalows, die sich am Fluss aneinanderreihen. Hier kann man wunderbar angeln, spazieren gehen, essen, schwimmen und Paddelboot fahren. Mit einem Kanu geht es zur Mündung des Flusses, ans Schwarze Meer, wo sich großartiges Strandgut entdecken lässt, z. B. riesige Fischknochen. Sehr empfehlenswert ist der ▶▶ *Riverside Club* mit Pool. *Yakuplu Mahallesi Nr. 142, Ağva | Tel. 0216/721 71 36* | *www.riverside.com.tr* | €€

EISCREME

İstanbuler Eisdielen bieten köstliche Alternativen zu den gewohnten Marken aus dem Tiefkühlfach des Supermarkts. Nicht überall ist das Eis aber gut. In den Eisdielen der Mado-Kette können Sie nichts falsch machen. *Tgl. 9–22 Uhr | İstiklal Cad. 188 | Cumhuriyet Cad. 12 | Elmadag (Beyoğlu) | Selmanipak Cad. 1/A (Üsküdar) | www.mado.com.tr*

İstanbuler gehen gern zur Landzunge von Moda auf der asiatischen Seite, denn hier gibt es nicht nur hervorragendes Eis, sondern auch viele schöne Teegärten mit Blick auf den Topkapı-Palast. *Tgl. 10–24 Uhr | Ali Usta, Moda Cad. 26 (Moda)*

ESELTOUR AUF BÜYÜKADA [O]

Die Prinzeninseln sind ein idealer Ausflugsort für Familien mit Kindern, man kann sogar seinen gesamten İstanbul-Urlaub dort verbringen. Aber auch eine Tagestour hat es in sich: Morgens mit der Fähre übersetzen, an der Anlegestelle Fahrräder mieten und den ganzen Tag auf der Insel herumfahren. Die Kinder können unter den großen Kiefern herumtollen oder im Lunapark eine Reittour auf dem Esel machen (*ca 8 Euro*). Nach Büyükada kommen Sie mit dem Seebus, der Fähre oder dem Motorboot von Kabatas, Kadıköy oder Bostanci. *Start: Insel-Anleger Adalar Iskelesi | Tickets 1–3,50 Euro | Aktueller Fahrplan: www.ido.com.tr*

Insider Tipp

> MIT KINDERN UNTERWEGS

İSTANBUL DOLPHINARIUM [128 C4]
2008 am Goldenen Horn eröffnet, bietet das Zentrum 45-minütige Vorstellungen unter der Leitung russischer Instrukteure. Nach vorheriger Anmeldung kann man auch mit Delphinen schwimmen und sich mit ihnen fotografieren lassen. Café und Restaurant runden das Angebot ab. *Vorstellungen Mi–Fr 11 und 14, Sa/So 12, 15 und 18 Uhr | Silahtarağa Cad. 2/4 (Eyüp) | Tel. 0212/5817878 | www.istanbuldolphinarium.com*

Insider Tipp **MOHINI** [129 D4]
Das mehrstöckige Kinderparadies in Etiler oberhalb des Bosporusortes Bebek beherbergt u.a. das Disney Corner, den Ikea Kids' Room, Kunstateliers, Turnsäle und diverse Kindergeschäfte und -restaurants. *Taxi von Beşiktaş | Tanburi Ali Efendi Sokak 15 (Etiler)*

STRANDBÄDER
Beliebt für einen Sprung ins Wasser sind die Prinzeninseln und das Schwarze Meer im Norden der Stadt. Hier badet man gerne an den Sandstränden von *Kilyos* [129 D1]. Besonders schön: der *Solar Beach Club. Anfahrt mit dem städtischen Bus Nr. 151 von Sariyer | Turban Yolu Cad. 4, Kilyos | Tel. 0212/201 21 39 | www.solarbeach.net*
Das Strandbad *Fenerbahçe Plaji* [129 D5] liegt auf der asiatischen Seite – mit herrlichen Sonnenliegen und schönem Pool! *Tgl. | Eintritt ca. 12 Euro | Anfahrt Bus oder Taxi von Kadıköy*

RAHMI-KOÇ-INDUSTRIEMUSEUM [121 D1–2] Insider Tipp
Vom Großindustriellen Rahmi Koç gestiftet, bietet das großartige Museum viel Technik zum Anfassen. Dokumentiert sind hier neben Eisenbahn, Flugverkehr und Schifffahrt auch Entwicklungen der Kommunikationstechnik und Astronomie. Begehbare Kapitänsbrücken, ein U-Boot am Steg und Miniatureisenbahnen gehören zur interessanten Schau. *Di–So 10–17 Uhr | Eintritt ca. 5 Euro | Hasköy Caddesi 27 | Hasköy | www.rmk.museum.org.tr*

> NUR EINEN FUSSMARSCH VON IHREM HOTEL ENTFERNT

İstanbul ist ein phantastisches Pflaster für einen Spaziergang

Die Spaziergänge sind auf dem hinteren Umschlag und im Cityatlas grün markiert

1 EINBLICKE IN DAS CHRISTLICH-JÜDISCHE İSTANBUL

İstanbuls alte Stadtteile Fener und Balat am Goldenen Horn waren in osmanischer Zeit christliche und jüdische Viertel. Auf dieser Tour sind beeindruckende Zeugnisse der christlichen Kultur des ehemaligen Konstantinopel zu sehen. Der fünf- bis sechsstündige Spaziergang führt Sie durch eins der historisch interessantesten Gebiete İstanbuls.

Der Rundgang beginnt am Ufer des Goldenen Horns am **Fener Vapur İskelesi**, dem Fähranleger in Fener, wohin von Eminönü stündlich Fähren verkehren. Gehen Sie vom Anleger aus – dort ist auch eine auffällige Polizeistation – ins Viertel hinein und wenden sich linker Hand zur **Sadrazam Ali Paşa Caddesi**. Hier liegt rechts hinter hohen Mauern das **Griechisch-Orthodoxe Patriarchat**, wo seit 1601 das Oberhaupt der gesamten orthodoxen Kir-

Bild: Tauffeier in der Kirche St. Georg im Stadtviertel Fener

STADT SPAZIERGÄNGE

che lebt. Zwar genießt der orthodoxe „Papst" innerhalb der griechischen, bulgarischen, serbischen und russischen orthodoxen Kirchen nicht dieselbe Autorität wie der römische bei den Katholiken, doch erkennen alle den Patriarchen von Konstantinopel als spirituelles Oberhaupt an.

Seit 1602 residiert das Patriarchat hier. Eine umfassende Restauration im 18. Jh. hat dem Gebäude das heutige Antlitz verliehen. Im Viertel läuft seit 2003 ein Restaurationsprogramm der EU. Eine breite Treppe führt zu dem großen, dreiflügeligen Tor, das geschlossen ist – seit genau 1821, als der damalige Patriarch Grigorios V. den Aufstand der Griechen in Hellas unterstützte und deshalb hier erhängt wurde.

Da der Komplex öffentlich nicht zugänglich ist, wenden Sie sich ein paar Schritte zurück in die **Yıldırım Caddesi** und von dort nach links in die

Vodina Caddesi, die Hauptstraße von Fener. Die reichen Griechen des Viertels kontrollierten den Balkanhandel und waren am osmanischen Hof als Übersetzer und Diplomaten tätig. Biegen Sie von der Vodina links in die **Fener Kireçhanesi Sokak** ein, die nach oben zum **Jungengymnasium** führt. Das riesige Backsteingebäude thront wie eine Festung über Fener

Auf Ihrem Weg begleitet Sie der Blick zum prächtigen Galata-Turm

und war früher die Hauptbildungsstätte der İstanbuler Griechen. Heute lernen hier nur noch wenige Schüler.

Wenden Sie sich hinter dem Gymnasium nach rechts und umrunden Sie den gesamten Komplex vorbei an der **Mesnevihane-Stiftung** im Hof einer kleinen Moschee. Auf der anderen Seite des Gymnasiums, dort, wo es bereits wieder nach unten geht, passiert man zuerst das unscheinbare **Griechische Mädchengymnasium** und kommt dann linker Hand an der uralten byzantinischen *Kirche der Heiligen Maria von den Mongolen* (Insider Tipp) vorbei, die seit den Zeiten Konstantinopels überdauert hat.

Ein paar Schritte weiter trifft man auf die **Çimen Sokak**, die wieder bergab auf die Vodina führt. Wenden Sie sich nach rechts: Auf der linken Seite sehen Sie die leider sehr heruntergekommenen, ehemals prächtigen griechischen Bürgerhäuser. Sobald sich nach links eine Gasse zum Ufer hinunter öffnet, gehen Sie zur Uferstraße und treffen hier auf ein restauriertes byzantinisches Gebäude, das ehemals zur Stadtmauer gehörte und in dem heute auf Initiative einer feministischen Gruppe eine in der Türkei einmalige *Frauenbibliothek* (Insider Tipp) untergebracht ist *(Kadın Kütüphanesi)*. Nur 200 m weiter die Uferstraße entlang steht die eiserne **Sankt-Stephans-Kirche**, deren Einzelteile 1871 in Wien gegossen und über die Donau und das

Schwarze Meer nach İstanbul verschifft wurden. Der Legende nach soll der Sultan den Bau der Kirche unter der Bedingung erlaubt haben, dass er nur einen Monat dauert. In Wahrheit befürchtete er ein Aufkeimen des Nationalismus unter den bulgarischen Untertanen.

Wenden Sie sich nach der Kirche wieder nach links und kommen nun langsam nach Balat ins frühere jüdische Viertel, heute ziemlich heruntergekommen und ein Armenviertel İstanbuls. Die zweite Parallele zur Uferstraße ist wieder die **Vodina Caddesi**. Folgen Sie ihr bis zur **Ayan Sokak**, wo Sie rechts abbiegen. In dieser Straße treffen Sie nacheinander auf einen alten Hamam, der auf Mehmet den Eroberer zurückgehen soll, eine schöne Moschee Sinans, die **Feruh Kethüda Camii**, und daneben eine der ältesten armenischen Kirchen der Stadt, die **Surp-Hiresdagabad-Kirche**, ursprünglich auch ein byzantinischer Bau.

In Balat hatten sich Ende des 15. Jhs. die aus Spanien vertriebenen Juden niedergelassen – an manchen Häusern ist über dem Erker noch der Davidstern zu erkennen. Viele von ihnen sind in den 1950er-Jahren nach Israel ausgewandert, andere leben in der Stadt verstreut.

Linker Hand kommen Sie über die **Dürriye Sokak** zur **Gevgili Sokak**, wo die älteste Synagoge İstanbuls steht, die **Ahrida** *(nicht öffentlich zugänglich)*. Dann geht es zurück auf die **Kürkçü Çeşme Sokak**, die Einkaufsstraße des Viertels, die den Hügel hinaufführt. Auf halber Höhe geht es rechts in die **Pastırmacı Sokak**, die als Treppe steil nach oben führt und auf der **Paşa Hamamı Sokak** endet. Rechts erblicken Sie auf freiem Feld die **Molla Askı Camii** mit Blick auf das Goldene Horn und die umliegenden Viertel. Gehen Sie etwa 1 km nach links, bis rechts die **Kariye Türbe Camii Sokak** abbiegt. Diese Gasse führt mit einem Schwenk nach links direkt zur **Chora-Kirche** (S. 39) mit den schönsten byzantinischen Mosaiken İstanbuls.

Von der Chora-Kirche geht es die **Kariye Caddesi** hinauf zur 1600 Jahre alten Stadtmauer. Hier ist ein armes Viertel, wo etwas Vorsicht geboten ist. Wenige hundert Meter weiter rechts entlang der Mauer erhebt sich als Teil der Befestigungsanlage der **Tekfur Sarayı**, die am besten erhaltenen Teile des früheren byzantinischen Kaiserpalastes. Unter den Osmanen diente die Anlage zuerst als Stallung für Elefanten und Giraffen, später als heimliches Freudenhaus. Zuletzt ließen die Sultane hier eine Neuauflage der berühmten İznik-Kacheln brennen.

2 AM PULS DER STADT

In Beyoğlu, entlang der İstiklal Caddesi, schlägt der Puls der Stadt. Einst von den Genuesen gegründet und zu Beginn des 20. Jhs. noch das europäische Viertel, trifft sich heute hier die Jugend der Stadt. Der drei- bis vierstündige Spaziergang beginnt am Galata-Turm.

Der 1348 erbaute Turm *(S. 46)* verfügt im obersten Stockwerk über einen umlaufenden Freigang, von dem aus man einen wunderbaren Blick über das Goldene Horn und den größten Teil der alten Stadt hat. Folgen Sie vom Turm aus der ▶▶ **Galip Dede Caddesi** den Hügel hinauf. Ungefähr auf der halben Strecke bis zur

İstiklal Caddesi (S. 47) liegt rechts die **Teutonia**, ein grauer Backsteinbau, der früher die Anlaufstelle der deutschen Gemeinde in İstanbul war und heute noch Veranstaltungsort des Goethe-Instituts ist. Im Erdgeschoss befindet sich eine Galerie. Ein Stück weiter die Gasse hinauf, kurz vor dem ▶▶ **Tünel-Platz**, liegt das Antiquariat **Librairie de Pera**, in dem sich immer noch seltene alte Bücher finden lassen. Direkt gegenüber ist der unauffällige Eingang zum **Galata Mevlevihanesi**, dem Derwischkloster von Galata. Das Kloster ist heute ein Museum, das alte Musikinstrumente und Schriften beherbergt. Im Garten ist ein schöner kleiner Friedhof.

Wenden Sie sich nach rechts, dann erreichen Sie nach wenigen Schritten den **Tünel**, den oberen Ausgang der Untergrundbahn, die unten in Karaköy beginnt. Die 1875 erbaute Metro ist eine der ältesten, aber auch kürzesten der Welt. Vor dem Eingang endet die Straßenbahnlinie **Tünel-Taksim**, die im Look des 19. Jhs. als Touristenattraktion durch die **İstiklal** bimmelt. Genau gegenüber dem Eingang zur Untergrundbahn öffnet sich eine Passage, in der sich eines der schönsten Beyoğlu-Cafés, das **K & V** *(tgl. 9–22 Uhr | €€€)*, befindet. Vom Café aus schauen Sie in die Schaufenster des **Artrium**, einer Galerie, die auch schöne Antiquitäten führt.

Durch die Passage geht es geradeaus weiter bis zur ▶▶ **Asmalı Mescit Sokak**. Auf einer wenige hundert Meter kurzen Strecke finden Sie den Buchladen **Eren**, schicke Tavernen, Restaurants, ausgefallene Cafés und kleine Galerien. Etwas weiter linker Hand liegt in der **Şehbender Sokak** das ▶▶ **Babylon** (S. 83), eine der besten Adressen für Pop-, Rock-, Jazz- oder andere Konzerte, aber auch für Off-Theater und sonstige Szeneevents. Kurz nach der Şehbender Sokak passieren Sie die legendäre Künstler- und Intellektuellenkneipe **Refik** *(Mo bis Sa 21–1 Uhr)* und gehen dann

Gönnen Sie sich bei Ihrem Spaziergang durch Beyoğlu eine Pause im Café Ara

wieder auf der **Asmalı Mescit** nach links den Hügel hinab. Wenden Sie sich am Ende der Gasse nach rechts, so stehen Sie vor dem einstmals berühmtesten Hotel des Viertels, dem **Pera Palas**. Das Haus hat glanzvolle Zeiten und berühmte Gäste gesehen und wird zur Zeit komplett renoviert.

Vom Pera Palas geht es auf der **Meşrutiyet Caddesi** weiter rechts an einem großen Platz entlang, am italienischen Kulturzentrum vorbei bis **Odakule**, einem Bürohochhaus, wo man durch eine Fußgängerpassage zur **İstiklal Caddesi** (S. 47), der Hauptschlagader Beyoğlus gelangt, einem der geschäftigsten Zentren der Stadt überhaupt. Wer sich in İstanbul verabredet, trifft sich in einer der Kneipen oder Cafés in den Seitenstraßen der İstiklal, wer ins Kino will, schaut zuerst nach den Filmen entlang der Straße. Auch Diskos und Musik gibt es vor allem hier. Der Abschnitt vor Odakule gehört zu den ruhigeren der Straße. Gehen Sie nach links, sehen Sie gleich auf der rechten Seite etwas nach hinten versetzt die größte katholische Kirche İstanbuls, die **Sankt-Anton-Kirche**.

Etwas weiter öffnet sich die Straße zu einem kleinen Platz vor einem riesigen schmiedeeisernen Tor. Dahinter verbirgt sich das **Galatasaray Lisesi**, das traditionsreiche türkische Elitegymnasium. Hier am **Galatasaray-Platz** kreuzt sich die **İstiklal** mit der **Yenicarsi Caddesi**. Links geht es hoch zum britischen Konsulat, auf dem Weg liegen schöne Weinbars, u.a. **Pano** (S. 69). Rechts unterhalb des Buchverlags **Yapi Kredi** lohnt sich ein Abstecher ins ▶▶ **Café Ara** (S. 60) des türkisch-armenischen Fotografen Ara Güler.

Etwa zehn Meter weiter an der İstiklal ist linker Hand der Eingang der Tavernenpassage ▶▶ **Cicek Pasaji**. Davor die Gasse mit dem **Fisch- und Gemüsemarkt** *(Balik Pazari)* mit den frischesten Großgarnelen İstanbuls. Der Markt ist eine Augenweide und lohnt einen Bummel auch dann, wenn man gar nichts kaufen will. Ganz am Anfang des Marktes verbirgt sich auf der rechten Seite, hinter einer großen Eisentür ohne jede Beschriftung (notfalls in einem Laden nachfragen), *Üç Horan*, eine der schönsten armenischen Kirchen der Stadt. Einige Schritte weiter zweigt ebenfalls nach rechts eine kleine Gasse mit einfachen, aber guten Fischrestaurants ab. Diese Kneipengasse namens ▶▶ **Nevizade Sokak** ist der beste Platz in Beyoğlu, wenn man für relativ wenig Geld gute *meze*, also die typischen İstanbuler Vorspeisen, und einen guten Fisch unter freiem Himmel essen möchte.

Insider Tipp

Am Ende der Kneipengasse geht es nach rechts wieder zurück zur **İstiklal Caddesi**. Wenn Sie sich dann nach links wenden, sind Sie mitten im Getümmel von Einkauf und Vergnügen. Von hier bis zum **Taksim-Platz** reiht sich Kino an Kneipe, unterbrochen von schicken Boutiquen und alten Einkaufspassagen wie der **Atlas-Passage**, wo es sich lohnt, einmal einen Blick hineinzuwerfen. Kurz vor dem Taksim-Platz sehen Sie links das Gebäude des französischen Konsulats; rechts weist ein Schild mit der Aufschrift **Hacı Baba** den Weg zu einem lohnenden Mittagessen mit traditioneller Küche, wo auf der Terrasse dieses guten türkischen Lokals der Spaziergang zu Ende geht.

EIN TAG IN ISTANBUL

Action pur und einmalige Erlebnisse.
Gehen Sie auf Tour mit unserem Szene-Scout

TANKER AHOI

9:00

Frühstück on the run: *simit* (Sesamring) plus Drink, danach geht es aufs Wasser. Fischer und Kleinbootbesitzer lassen sich gerne zu einer Rundfahrt überreden. Feilschen, was das Zeug hält, und danach ab auf den Bosporus! Besonders beeindruckend sind die riesigen Tanker, die die Meerenge auf ihrem Weg ins Schwarze Meer passieren. **WO?** *Anlegestelle Kuruçeşme (zwischen Ortaköy und Arnavutköy)*

10:45

POOLTIME IM BOSPORUS

Zur Abkühlung ein Sprung ins Wasser: am besten im Pool von *SuAda*, der künstlichen Plattform vor Kuruçeşme. Der Ausblick ist grandios, und die mondäne Clubanlage eignet sich hervorragend zum Relaxen. **WO?** *Eski Galatasaray Adasi, Kuruçeşme | Tel. 0212/263 73 00 | Kosten: ca. 60 TL | www.su-ada.com*

SWEET TAKSIM

13:00

Ab ins Taxi nach Taksim! Süß essen und dann süß reden – so lautet ein türkisches Sprichwort. Im Kochseminar bei *Chef's* unter der Anleitung der Chefköchin Gülhan werden leckere Schokoladen und Pralinen zubereitet. **WO?** *İstiklal Caddesi, Mim Han 55 | Kosten: ab 80 TL | ab 5 Personen | Anmeldung unter Tel. 0212/244 76 92 | www.chefsistanbul.com*

15:30

RELAXZONE HAMAM

Auf die Plätze, los und schwitzen! Im legendären Hamam in Galatasaray geht es in die geübten Hände eines Masseurs. Das volle Programm beinhaltet Dampfbad, Waschung, Massage und den Tee für danach. **WO?** *Tarihi Galatasaray Hamami, Turnacıbaşı Sok. 24, Galatasaray | Kosten: ab ca. 60 TL | Tel. 0212/252 42 42 | www.galatasarayhamami.com*

24 h

TÜRKISCHES KARAOKE

17:00

Vier Bühnen warten auf Sänger, das Spektrum reicht von Elvis bis hin zu Athena. Jeden Dienstag ist 100% Turkish Night im *Klub Karaoke*. Mitsingen oder einfach nur zuschauen – Mutige vor! **WO?** *Klub Karaoke, Zambak Sok. 7, Beyoğlu | Tel. 0212/293 76 39 | www.klub-karaoke.com*

19:00

BIG THREE

Ein Match in den großen Fußballstadien zu erleben kommt einem Besuch in einem brodelnden Hexenkessel gleich! Vor allem, wenn eines der Traditionsteams spielt: *Beşiktaş (www.bjk.com.tr), Fenerbahçe (www.fenerbahce.org)* und *Galatasaray (www.galatasaray.org)*. Unbedingt vorher die Vereinsfarben raussuchen und den passenden Style anlegen! **WO?** *Tickets und Termine gibt es bei: Biletix | www.biletix.com*

DINNER MIT KAFFEESATZ

21:30

Zurück nach Beyoğlu. Ein Dinner im *Pen Café* wartet, zum Dessert gibt es einen Blick in die Zukunft. Zwei charmante Damen lesen aus dem Kaffeesatz, für eine Übersetzung ins Englische ist gesorgt. **WO?** *Pen Café | Büyükparmakkapı Sokak | Afrika Han Kat 1 2, | Tel. 0212/244 48 31*

0:15

SCHLAFLOS ÜBER İSTANBUL

Das ist nicht zu toppen: der gläserne Dachterrassen-Hotspot *360°*. Je später es wird, desto clubbiger wird die Atmosphäre. Rund um den Taksim-Platz finden sich Dutzende Rooftop-Clubs, die bis in die frühen Morgenstunden rocken. **WO?** *360° | İstiklal Caddesi, 32/309 | Misir Apt. Kat 8 311 | www.360istanbul.com*

> FLUCHT AUS DER METROPOLE

Auf der Fähre über den Bosporus oder zu den Prinzeninseln – hier können Sie den Trubel hinter sich lassen

1 BOĞAZIÇI/ BOSPORUS

Egal wie wenig Zeit Sie für Ihren İstanbul-Besuch mitgebracht haben, eine kurzweilige ★ Bootsfahrt über den Bosporus sollten Sie sich auf keinen Fall entgehen lassen. Der fünfstündige Ausflug beginnt in Eminönü [127 D2] und führt Sie fast bis ans Schwarze Meer nach Anadolu Kavağı [129 E2] und wieder zurück. Die Anlegestelle der städtischen Fähren ist die erste von der Galata-Brücke aus und heißt Boğaz Hattı. Abfahrtszeiten Dez.–März tgl. 10.30 Uhr, April–Mai und Okt./Nov. tgl. 10.30 und 13.30 Uhr, Juni bis Sept. 10.35, 11.35 und 13.35 Uhr (einfache Fahrt ca. 3,50 Euro).

Zunächst geht es nach **Beşiktaş**, vorbei am schönen **Leanderturm** (S. 53) und dem letzten Sultanspalast **Dolmabahçe** (S. 45). Kurz hinter Beşiktaş kreuzt die Fähre die riesige, 70 m hohe Bosporusbrücke und verlässt

Bild: Blick über den Bosporus Richtung İstanbul

AUSFLÜGE & TOUREN

Insider Tipp

den innerstädtischen Bereich. Genießen Sie bei einer Tasse Tee die Faszination des **Bosporus** *(S. 16)*, einer Meerenge, die schon der weit gereiste Alexander von Humboldt zu Recht zu den schönsten Flecken der Erde zählte. Während der Fahrt kreuzen Sie ständig zwischen Europa und Asien, weil die Fähre an den schönsten Anlegestellen auf beiden Seiten Station macht. Direkt entlang des Ufers können Sie nun die prächtigen Paläste und Villen bestaunen, die Sultane, Großwesire und andere hohe Würdenträger der Osmanen hier bauen ließen. Diese sogenannten *yalı* – die klassischen sind aus Holz – sind auch heute noch die begehrtesten Wohndomizile İstanbuls. Doch wer hier nicht geerbt hat, muss fast schon ein Lottomillionär sein, um sich ein Haus direkt am Bosporus leisten zu können. Viele haben einen eigenen Steg und sind stilvoll restauriert.

Auf der europäischen Seite passiert die Fähre zunächst ▶▶ Arnavutköy, ein Viertel, das seinen Charakter als Kiez bewahrt hat. Dann legen Sie auf der asiatischen Seite in Kanlıca an, einem hübschen Bosporusdorf, das für seinen gezuckerten Sahnejoghurt berühmt ist. Hier, kurz vor der zweiten Hängebrücke, ist die Meerenge am schmalsten und die Strömung besonders tückisch. Noch immer ist der Bosporus ein Schlaraffenland für Fischer, wo zur entsprechenden Jahreszeit ganze Fischschwärme vom Schwarzen Meer Richtung Marmarameer ziehen und die Netze füllen. İstanbul ist für Fischgourmets ideal.

Insider Tipp

Nach der zweiten Brücke wird der Bosporus kilometerbreit und vor allem auf der asiatischen Seite wunderbar grün. Jetzt kann man das Schwarze Meer bereits erahnen – aber zunächst kommt noch ein Stopp in Sarıyer, das zu İstanbul gehört, charakterlich aber eine eigene kleine Stadt ist. Hier liegen der größte Teil der İstanbuler Fischereiflotte und der schönste Fischmarkt am Bosporus. Ab jetzt beginnt endgültig die Fahrt ins Grüne, und nach einem weiteren kurzen Stopp in Europa kommt die Endhaltestelle Anadolu Kavağı am Fuße einer großen Burg, von der aus die Osmanen die Einfahrt in den Bosporus kontrollierten.

Insider Tipp

Sie können die Pause nutzen, um zur Burg hinaufzusteigen und von dort den Blick auf das Meer und gleichzeitig auf den Bosporus zu genießen. Vielleicht verbringen Sie die Zeit jedoch lieber in einem dieser wunderbaren Fischrestaurants. Nach der Pause geht es denselben Weg wieder zurück.

2 ADALAR (PRINZENINSELN)

[O] Die ★ Prinzeninseln, im Türkischen schlicht Adalar (Inseln) genannt, sind der klassische Fluchtpunkt für stadtmüde İstanbuler und Touristen, die sich vom Lärm der Millionenstadt erholen wollen. In einer guten Stunde ist man auf einer der neun Inseln, von denen nur fünf bewohnt sind: Büyükada, Heybeliada, Kınalıada, Burgazada und Sedef Adası. Fähren und schnellere Seebusse zu den Inseln gibt es von den Stationen Kabatas (europäische Seite) und Kadıköy bzw. Bostancı (asiatische Seite). Im Sommer (Juni–Okt.) fahren auch kleinere Motorboote von den Inselanlegern (Adalar Iskelesi) der o. g. Stationen. Tickets kosten zwischen 1 und 3,50 Euro. Den aktuellen Fahrplan finden Sie auf *www.ido.com.tr*.

Sie sind wahrlich eine Welt für sich. Geprägt durch Holzvillen und Pferdekutschen, scheint hier die Zeit stillzustehen und das 19. Jh. immer noch anzudauern. Die Inseln sind für privaten Autoverkehr gesperrt und schon allein deshalb eine Oase der Ruhe gegenüber dem Verkehrschaos in der Stadt. Eine Kutschfahrt entlang der Uferstraße auf Büyükada ist ein ganz besonderes Vergnügen (*feste Tarife: kleine Tour ca. 12 Euro, große Tour ca. 20 Euro*). Eine Ausnahme sind die Wochenenden während der Sommerferien. Dann erleben die Inseln einen Ansturm von Tagesbesuchern, der einer Invasion gleicht.

Insider Tipp

Traditionell sind die Prinzeninseln das Sommerdomizil der griechischen, jüdischen und armenischen Oberschicht gewesen. Griechisch-orthodoxe Klöster, armenische und italienische Kirchen sowie jüdische

Mit der Pferdekutsche geht es auf große Tour über die Insel Büyükada

Synagogen, die alle noch in Betrieb sind, zeugen davon, dass die Nachfahren dieser Familien im Sommer immer gerne auf die Inseln kommen. Im Winter reduziert sich die Einwohnerzahl auf eine kleine Gemeinde von ca. 25 000 Menschen. Eine 2006 fertiggestellte Erdgaspipeline vom Festland macht die Inseln jetzt auch im Winter bewohnbar. Bei starkem Südwind oder Nebel setzt aber der Seeverkehr aus und man ist von der Außenwelt abgeschnitten.

Wenn man mit der Fähre von **Kabataş** kommt, ist **Kınalıada** der erste Stopp. Diese kleine Insel hat den größten Strand und gleicht deshalb einer ausgedehnten Badeanstalt. Der nächste Halt, **Burgazada**, gilt als besonders exklusiv, bietet aber außer einem schönen kleinen ▶▶ Hafen und der Bucht von **Kalpazankaya** (Baden am Kieselstrand) für Kurzbesucher nicht viel. Erst in **Heybeliada**, der dritten Anlaufstelle der Fähre, beginnt das richtige Inselleben. Heybeliada verfügt über viele schöne Badeplätze und einen herrlichen Wanderweg, der rechts von der Fähranlegestelle auf dem Hügel beginnt und durch Wald und Siedlungen ca. 3 km um die ganze Insel führt. Insider Tipp **Büyükada**, die größte im Bunde, bildet das Zentrum des Inselreichs. Hier sitzt die Verwaltung, die meisten Läden und Dienstleistungsgewerbe sind hier angesiedelt. Büyükada ist die abwechslungsreichste Insel, die für Wanderer, Sportler, aber auch für Gourmets, die in einem der ausgezeichneten Fischrestaurants tafeln wollen, das meiste zu bieten hat.

Wohnen kann man auf Büyükada im *Princess Hotel* direkt am Uhrenplatz oberhalb der Fähranlegestelle (*24 Zi. | 23 Nisan Caddesi, Macar Sokak 2 | Tel. 0216/382 16 28 | www.buyukadaprincess.com | €€*), abgeschieden im Pinienwald, im *Club Mavi* (*15 Zi. | Büyük Tur Yolu 12 | Tel. 0216/382 60 75 | www.clubmavi.com | €€*) oder auf *Heybeliada* im *Merit Halki Palas* (*S. 90*)

> VON ANREISE BIS ZOLL

Urlaub von Anfang bis Ende: die wichtigsten Adressen und Informationen für Ihre İstanbul-Reise

ANREISE

Linienmaschinen und auch fast alle Chartermaschinen landen in İstanbul auf dem Atatürk Hava Limanı in Yeşilköy. *(www.dhmiata.gov.tr)*. Billiganbieter nutzen aber auch inzwischen den Sabiha-Gökçen-Airport auf der asiatischen Seite *(sgairport.com)*. Von beiden Flughäfen gibt es Tag und Nacht Shuttleservices ins Zentrum. Zum Atatürk-Flughafen in Yesilköy gibt es auch eine Stadtbahn von Kabataş oder Eminönü/Sultanahmet (mit Umsteigen in Aksaray). Ein Taxi nach Sultanahmet kostet von Yeşilköy ca. 15 Euro, von Sabiha-Gökçen mindestens 30 Euro, nachts um die Hälfte mehr.

Eine Autofahrt in die Türkei (von Norddeutschland aus z.B. über Tschechien, Slowakei, Ungarn, Serbien und Bulgarien) ist anstrengend und wegen teilweise chaotischer Verkehrsbedingungen nicht ganz ungefährlich. Aus fast allen großen Städten fahren preisgünstige Busse nach İstanbul (Preise variieren je nach Anbieter), die Fahrt ist jedoch strapaziös. Ab München gibt es eine direkte Bahnverbindung über Budapest nach İstanbul. Die Fahrt dauert rund 44 Stunden und ist genauso teuer wie ein Charterflug.

Die Anreise per Schiff ab Venedig oder Brindisi ist reizvoll, kostet aber pro Auto plus eine Person ab 400 Euro.

PRAKTISCHE HINWEISE

AUSKUNFT VOR DER REISE

TÜRKISCHE FREMDENVERKEHRS- UND INFORMATIONSÄMTER

Deutschland: Baseler Str. 37 | 60329 Frankfurt/Main | Tel. 069/23 30 81, 23 30 82 | Fax 23 27 51 | www.reiseland-tuerkei.info

Österreich: Singerstraße 2/8 | 1010 Wien, Tel. 01/5122128 | Fax 5138326 | www.turkinfo.at

Schweiz: Stockerstr. 55 | 8002 Zürich | Tel. 01/221 08 10 | Fax 212 17 49, www.tuerkei-info.ch

AUSKUNFT IN İSTANBUL

ATATÜRK HAVA LIMANI [128 A6]

Yeşilköy (im Flughafengebäude) | Tel. 0212/663 07 04 | 24 Std. geöffnet

KARAKÖY [122 B5]

Karaköy Yolcu Salonu (im Passagierterminal) | Tel. 249 57 76 | tgl. 7–22 Uhr

SULTANAHMET [127 E5]

Informationspavillon Sultanahmet Meydanı (Bushaltestelle) | Tel. 518 18 02 | tgl. 9–19 Uhr

TAKSIM [123 D1]

Hilton Oteli Girişi (am Eingang zum Hotel) | Tel. 233 05 92 | tgl. 8–19 Uhr

BANKEN & GELDWECHSEL

Die Banken sind in der Regel Mo–Fr 8.30–12 und 13.30–17 Uhr geöffnet. Manche haben auch mittags und am Sonnabend auf *(öğlen açık)*. In allen Banken und Devisenbüros können Sie Geld wechseln. Am einfachsten und bequemsten ist es, mit der EC-Karte am Bankautomaten Geld zu ziehen. Euros bekommen Sie an Automaten der HSBC-Bank und der Disbank. Fast alle Adressen akzeptieren Kreditkarten.

Diese Sammeltaxen sind inzwischen Geschichte geworden

DIPLOMATISCHE VERTRETUNGEN

DEUTSCHES GENERALKONSULAT (ALMAN BAŞKONSOLOSLUĞU) [129 D–E4]

Inönü Caddesi 16–18 (Taksim) | Tel. 0212/334 61 00 | In Notfällen: 334 61 51 | www.istanbul.diplo.de.

ÖSTERREICHISCHES GENERALKONSULAT (AVUSTURYA BAŞKONSOLOSLUĞU) [129 D3]

Köybaşı Caddesi 46 (Yeniköy) | Tel. 0212/262 93 15

SCHWEIZER GENERALKONSULAT (ISVIÇRE BAŞKONSOLOSLUĞU) [0]
Hüsrev Gerede Caddesi 75/3 (Teşvikiye) | Tel. 0212/259 11 15

DOLMUŞ

Das türkische Wort *dolmuş* („gefüllt“) bezeichnet das billige und beliebte Sammeltaxi, das erst abfährt, wenn es voll ist. Haltestellen an zentralen Plätzen wie Taksim.

EINREISE

Deutsche und Schweizer benötigen bei der Einreise kein Visum; Personalausweis genügt. Max. Aufenthaltsdauer drei Monate (ohne Pass: abgestempelten Einreisezettel aufheben). Österreicher müssen bei der Einreise ein Visum kaufen. Es kostet 15 Euro und ist max. drei Monate gültig. Schüler und Studierende sollten einen internationalen Ausweis mitnehmen.

ELEKTRIZITÄT

220-Volt-Wechselstrom, Adapter sind nicht notwendig.

GESUNDHEIT

Nach einem Arzt fragen Sie am besten im Hotel oder bei der Touristeninformation. Die Apotheken *(eczane)* sind allesamt gut sortiert. Impfungen vor der Reise sind nicht erforderlich. Für den Notruf wählen Sie *0212/444 09 11* oder *112*. Rettungshelikopter (International Hospital): *0212/663 30 00*

DEUTSCHES KRANKENHAUS (ALMAN HASTANESI) [123 D3]
Sıraselviler Caddesi 119 (Taksim) | Tel. 0212/293 21 50

> BLOGS & PODCASTS

Gute Tagebücher & Files im Internet

- Unsere Autorin Dilek Zaptçioğlu schreibt aus ihrer Heimatstadt, mal persönlich, mal politisch: *www.taz.de/blogs/istanbulblog*
- Der Kunst-Blog gibt Einblick in die Kulturszene İstanbuls: *http://kunst-blog.com/2005/09/tricky_istanbul.php*
- Im Reiseblog Sundowner erzählen Urlauber: *www.podlog.de/de/freizeit/reise/335924.html*
- Das Metroblogging Netzwerk gedeiht prächtig. Auch İstanbul hat bereits seine eigene Site, betreut von vier jungen İstanbulern: *http://istanbul.metblogs.com*
- Ein hörenswerter Podcast ist die Reportage „Stadt zwischen den Welten“ von Karin Steinberger aus dem GEO-Heft Nr. 11/2006. Es liest Mathias Unger: *www.geo.de/GEOaudio/files/2006-1214/GEOaudio042_Extra_Istanbul.mp3*
- Über die aktuelle Kunst- und Kulturszene der Stadt berichten Michelle Carlesi und Bülent Calli: *www.podistan.libsyn.com*
- Der Rundfunksender Berlin-Brandenburg (RBB) bietet auf seiner Webseite *www.multikulti.de* deutsche Podcasts über die Stadt am Bosporus und ihre Bewohner.

Für den Inhalt der Blogs & Podcasts übernimmt die MARCO POLO Redaktion keine Verantwortung.

PRAKTISCHE HINWEISE

ÖSTERREICHISCHES KRANKENHAUS (AVUSTURYA HASTANESI) [122 B5]
Bereketzade Medresesi Sokak 7 (Karaköy) | Tel. 0212/243 25 90

INTERNET

Die offizielle Website der İstanbuler Stiftung für Kunst und Kultur *www.istfest.org* bietet ausführliche Informationen über Film-, Musik-, Theater- und Jazzfestivals sowie die Biennale. Einen guten Überblick über İstanbul und die täglich wechselnden Veranstaltungen bieten *www.istanbul.com* und *www.istanbulcityguide.com*. Für Hotels schauen Sie am besten unter *www.istanbulhotel.com* oder *http://istanbul.hotelguide.net* nach. Veranstaltungen und Tickets: *www.biletix.com*.

INTERNETCAFÉS

Internetcafés können sie mittlerweile überall in der Stadt finden. Sie haben meist von 10 bis 22 Uhr geöffnet. Eine Stunde Surfen kostet ca. 2 Euro. Gute Cafés sind unter anderem das *Adeks (tgl. 7–2 Uhr | Barbaros Bulvari 49A | Beşiktaş);* das *Taksim Internet Café (tgl. 24 Std. | Tarlabasi Cad. 20 | Taksim);* das *Gloria Jean's (tgl. 8–23 Uhr | İstiklal Caddesi 280 (Taksim)* oder das *Orient Hostel (Mo–Sa 9–24, So 12–24 Uhr | Yeni Akbiyik Caddesi 13 | Sultanahmet)*

LEITUNGSWASSER

Das Leitungswasser ist zwar gechlort, sollte aber besser nicht getrunken und nur zum Kochen benutzt werden.

NOTRUF

Touristenpolizei: 527 45 03
Notruf landesweit: 155

ÖFFENTLICHE VERKEHRSMITTEL

Zentrale Busstationen finden Sie am Taksim, Karaköy, in Eminönü und am Hürriyet Meydanı in Beyazıt. Auf der asiatischen Seite steigt man in Kadıköy und Üsküdar am Anleger ein. Tickets werden hier am Schalter verkauft *(bilet)*. Meistens nimmt auch der Fahrer Geld entgegen. Bei längeren Aufenthalten lohnt es sich, ein *akbil* (elektronisch aufladbares Ticket) zu kaufen.

Die zentrale, schnelle Straßenbahnlinie (*Hizli Tramvay*) fährt von Kabataş über Eminönü und Sultanahmet bis nach Zeytinburnu. In Aksaray muss für den Atatürk-Flughafen umgestiegen werden (*tgl. 6–24 Uhr, ca. 57 Cent*). Von Karaköy zur İstiklal Caddesi (Beyoğlu) fährt die Seil-

WAS KOSTET WIE VIEL?

TAXI	**60 CENT** pro Kilometer
KAFFEE	**1 EURO** für einen türkischen Kaffee
FÄHRE	**2 EURO** für eine Bosporusfahrt
WEIN	**3,50 EURO** für ein Glas
IMBISS	**1,50 EURO** für einen Döner
CD	**CA. 6 EURO** für türkische Musik

bahn *Tünel*. Von Kabataş kann man mit der neuen Seilbahn (*Finiculère*) zum Taksim-Platz hochfahren.

Die Metro fährt vom Taksim-Platz nach Maslak *(tgl. 6.15–0.30 Uhr, im 5-Min.-Takt | 8 Stationen | ca. 80 Cent)*. Hauptanlegestellen der Fähren und Seebusse: Eminönü, Karaköy, Kabataş, Beşiktaş, Üsküdar, Kadıköy. Ein *Metrobus* ist in Aksaray und Kadıköy im Einsatz. www.ido.com.tr

POST

Postämter erkennt man an dem gelben Schild mit der Aufschrift „PTT“. In der Regel braucht die Post in EU-Länder und die Schweiz bis zu einer Woche. *Öffnungszeiten: Mo–Fr 8.30–12* und *13–17 Uhr.*

PREISE & WÄHRUNG

Die türkische Währung heißt *Türk Lirası* (TL). Es gibt sie in Scheinen zu 50, 20, 10, 5 und 1 TL und Münzen als 1 TL, 50 *Kuruş* (Kurusch), 25, 10, 5 und 1 Kuruş. Bei Redaktionsschluss betrug ein Euro 2,16 TL, 10 Türkische Lira (TL) waren 4,62 Euro. Für einen Kurzaufenthalt brauchen Sie nicht viel Geld zu tauschen, da Sie oft Kreditkarte oder EC-Karte einsetzen können.

SICHERHEIT

Das Auswärtige Amt informiert Reisende ausführlich auf seiner Website www.auswaertiges-amt.de und durch das Infotelefon *(030/50 00 20 00)* über die Sicherheit im Zielland. Bitte beachten Sie vor Ihrer Abreise die offiziellen Hinweise für die Türkei.

TAXI

Vorsicht beim Taxifahren: Vergewissern Sie sich vor der Fahrt, ob der Fahrer das Ziel kennt, und achten Sie darauf, dass der Taxameter angeschaltet ist. Fürs Taxifahren zahlen Sie rund ein Drittel weniger als in

WETTER IN İSTANBUL

	Jan.	Feb.	März	April	Mai	Juni	Juli	Aug.	Sept.	Okt.	Nov.	Dez.
Tagestemperaturen in °C	9	9	11	16	21	26	29	29	25	21	15	11
Nachttemperaturen in °C	3	2	3	7	12	16	18	20	15	12	8	5
Sonnenschein Std./Tag	3	4	5	6	9	11	12	11	8	6	4	3
Niederschlag Tage/Monat	12	11	9	6	5	4	3	2	5	7	10	13
Wassertemperaturen in °C	8	8	8	11	15	20	22	23	21	19	15	11

Deutschland. Von Mitternacht bis 6 Uhr morgens gilt der Nachttarif (50 Prozent teurer).

TELEFON & HANDY

Es gibt nur noch Kartentelefone, von dort können Sie auch ins Ausland telefonieren. Telefonkarten *(telefon kartı)* kaufen Sie an Postämtern oder bei fliegenden Händlern an Zellen.

Telefonieren mit deutschen Mobiltelefonen ist grundsätzlich möglich *(Auskunft: www.gsmworld.com)*. Es gibt in der Türkei drei Handynetze: Turkcell, Telsim-Vodafone und Aria. Beim Roaming spart, wer das günstigste Netz wählt. Mit einer Prepaid-Karte des Gastlandes entfallen die Gebühren für eingehende Anrufe. Prepaid-Karten wie die GlobalSim *(www.globalsim.net)* oder Globilo *(www.globilo.de)* sind zwar teurer, ersparen aber ebenfalls alle Roaming-Gebühren. Und: Sie bekommen schon zu Hause Ihre neue Nummer. Immer günstig sind SMS. Hohe Kosten verursacht die Mailbox: noch im Heimatland abschalten!

Vorwahl für Deutschland: 0049
Vorwahl für Österreich: 0043
Vorwahl für die Schweiz: 0041
Vorwahl für die Türkei: 0090
Vorwahl für İstanbul, europäische Seite: 0090/212; *İstanbul, asiatische Seite:* 0090/216; auch bei Ortsgesprächen über den Bosporus hinweg sind jeweils 0216 (für „Asien“) bzw. 0212 (für „Europa“) vorwegzuwählen.

ZEITUNGEN

In İstanbul sind die großen deutschen Magazine und Tageszeitungen zumeist schon am Erscheinungstag erhältlich. Verkaufsstände befinden sich u.a. in Tünel, am Taksim-Platz, an der Divan Yolu, in Kadıköy (Fähranlegestelle) und in den großen Hotels. In englischer Sprache erscheinen neben den Tageszeitungen „Turkish Daily News“ und „New Anatolian“ auch das monatliche Stadtmagazin „Time Out“ und vierteljährlich der „İstanbul Guide“.

ZOLL

Ausländische wie türkische Währung darf jeder in unbegrenzter Höhe in die Türkei mitnehmen. Zollfrei eingeführt werden dürfen 200 Zigaretten oder 20 Zigarren sowie 5 l alkoholische Getränke. Kraftfahrzeuge werden bei der Einreise im Pass vermerkt. Die Ausfuhr antiker (mehr als 100 Jahre alter) Gegenstände ist verboten. Bei Mitnahme sonstiger alter Gegenstände ist die Genehmigung eines Museumsdirektors notwendig.

Bei der Rückreise in die EU gelten folgende Freimengen: eine Stange Zigaretten, 250 g Rauchtabak oder 50 Zigarren, 2 l Wein und 1 l Spirituosen, 500 g Kaffee, 50 g Parfüm, 0,25 l Eau de Toilette sowie Waren bis zu einem Wert von 430 Euro (bei Flugreisen). Weitere Infos online: *www.zoll-d.de*

WÄHRUNGSRECHNER

€	TL	TL	€
1	2,16	1	0,46
2	4,32	2	0,92
3	6,48	3	1,38
5	10,80	5	2,30
10	21,62	10	4,62
15	32,42	30	13,86
40	86,48	60	27,72
60	129,72	100	46,25
80	172,96	150	69,30

> TÜRKÇE BILIYORMUSUN?

„Sprichst du Türkisch?" Dieser Sprachführer hilft Ihnen, die wichtigsten Wörter und Sätze auf Türkisch zu sagen

Zur Erleichterung der Aussprache

Zur Erleichterung der Aussprache:

ı	nur angedeutetes „e" wie in „bitt**e**n, dank**e**n", Bsp.: ırmak
c	wie in „In**g**enieur", Bsp.: cam
ç	wie in „**Tsch**eche, deu**tsch**", Bsp.: çan
h	wie in „Ba**ch**, no**ch**", Bsp.: hamam
ğ	„Dehnungs-g", wird nicht ausgesprochen. Entspricht deutschem „Dehnungs-h" in „Z**ah**n", Bsp.: yağmur
j	wie in „Gara**g**e, Lo**g**e", Bsp.: jilet
ş	wie in „**sch**ön, Ti**sch**", Bsp.: şeker
v	wie in „**W**asser, **V**ioline", Bsp.: vermek
y	wie in „**j**eder", Bsp.: yok
z	wie in „le**s**en, rei**s**en", Bsp.: deniz

AUF EINEN BLICK

Ja./Nein.	Evet./Hayır.
Bitte./Danke.	Lütfen./Teşekkür ederim.
Gern geschehen.	Rica ederim.
Entschuldigung!	Afedersiniz!/Özür dilerim.
Wie bitte?	Efendim?/Nasıl?
Ich verstehe Sie/dich nicht.	Sizi/Seni anlayamıyorum.
Ich spreche nur wenig …	Biraz … konuşuyorum.
Können Sie mir bitte helfen?	Lütfen bana yardım eder misiniz?
Schreiben Sie mir es bitte auf!	Lütfen onu bana yazınız!
Ich möchte …	… istiyorum.
Das gefällt mir (nicht).	Bu hoşuma gidiyor (gitmiyor).
Haben Sie …?	Sizde … var mı?
Wie viel kostet es?	Bu kaça?
Wie viel Uhr ist es?	Saat kaç?
Wo sind bitte die Toiletten?	Affedersiniz, tuvalet nerede?

KENNEN LERNEN

Guten Morgen!	Günaydın!
Guten Tag!	İyi günler!/Merhaba!
Guten Abend!	İyi akşamlar!
Hallo! Grüß dich!	Merhaba!/Selâm!
Wie ist Ihr Name, bitte?	İsminiz nedir?/Adınız nedir?

SPRACHFÜHRER TÜRKISCH

Mein Name ist …	İsmim …
Auf Wiedersehen!	Allaha ısmarladık!
Tschüss!	Eyvallah!/Hoşça kal!

UNTERWEGS

links/rechts/geradeaus	sol/sağ/doğru
nah/weit	yakın/uzak
Wie weit ist das?	Ne kadar uzaklıkta?
Allee	cadde
Platz	meydan
Straße	sokak
Ich möchte für zwei Tage … mieten.	İki günlüğüne … kiralamak istiyorum.
… einen Wagen …	… bir araba …
… ein Fahrrad …	… bir bisiklet …
Bitte, wo ist …	Affedersiniz, … nerede?
… der Hauptbahnhof?	… merkez istasyonu, ana gar …
… die U-Bahn?	… metro …
… der Flughafen?	… hava alanı/limanı …
Zum … Hotel.	… oteline.

SEHENSWERTES

Welche Sehenswürdigkeiten gibt es hier?	Burada hangi görülecek yerler var?
Wann ist das Museum geöffnet?	Müze ne zaman açık?
Wann beginnt die Führung?	Rehberlik ne zaman başlıyor?
Aussichtspunkt	manzaralı yer
Ausstellung	sergi
Fremdenführer	rehber, kılavuz
Führung	rehberlik
Minarett	minare
Moschee	cami
Stadtrundfahrt	şehir turu
Tagesausflug	günlük gezi
Zoo	hayvanat bahçesi

ESSEN/UNTERHALTUNG

Wo gibt es hier …	Burada nerede … var?
… ein gutes Restaurant?	… iyi bir lokanta …
… ein typisches Restaurant?	… tipik bir lokanta …

Gibt es hier eine gemütliche Kneipe?	Burada rahat bir meyhane var mı?
Reservieren Sie uns bitte für heute Abend einen Tisch für vier Personen.	Bu akşama dört kişilik bir masa ayırın lütfen.
Ich nehme …	Ben … alacağım.
Als Vorspeise nehme ich …	Ben meze olarak … alacağım.
Als Hauptgericht nehme ich …	Ben yemek olarak … alacağım.
Bitte ein Glas …	Lütfen, bir bardak …
Gabel/Löffel/Messer	çatal/kaşık/bıçak
Salz/Pfeffer	tuz/biber
scharf	acı
Auf Ihr Wohl!	Sağlığınıza!
Bezahlen, bitte.	Hesabı lütfen.
Hat es geschmeckt?	Hoşunuza gitti mi?
Das Essen war ausgezeichnet.	Yemek çok güzeldi.
Wo werden Bauchtänze aufgeführt?	Göbek dansı nerede gösteriliyor?

EINKAUFEN

Wo finde ich …	Nerede … bulabilirim?
… eine Apotheke?	… eczane …
… eine Bäckerei?	… fırın …
… Fotoartikel?	… fotoğraf malzemesi …
… ein Kaufhaus?	… büyük mağaza, süpermarket …
… ein Lebensmittelgeschäft?	… bakkal, gıda satış mağazası …
… den Markt?	… pazar/çarşı …
… den Zeitungshändler?	… gazete bayii
Nehmen Sie Kreditkarten?	Kredi Kartı alıyor musunuz?

ÜBERNACHTUNG

Können Sie mir bitte … empfehlen?	Bana … tavsiye edebilir misiniz, lütfen?
… ein gutes Hotel …	… iyi bir otel …
… eine Pension …	… bir pansiyon …
Haben Sie noch Zimmer frei?	Boş odanız var mı?
ein Einzelzimmer	tek kişilik bir oda
ein Zweibettzimmer	çift kişilik bir oda
mit Dusche/Bad	duşlu/banyolu
für eine Nacht	bir gecelik
für eine Woche	bir haftalık
Ich habe bei Ihnen ein Zimmer reserviert.	Ben bir oda ayırttım.

Was kostet das Zimmer mit …	Bu oda … kaça?
… Frühstück?	… kahvaltılı …
… Halbpension?	… akşam/öğlen yemekli (yarım pansiyon) …

PRAKTISCHE INFORMATIONEN

Können Sie mir einen guten Arzt empfehlen?	Bana iyi bir doktor tavsiye edebilir misiniz?
Ich habe Kopfschmerzen.	Benim başım ağrıyor.
Ich habe Fieber.	Ateşim var.
Ich habe hier Schmerzen.	Buram ağrıyor.
Wo ist hier bitte eine Bank?	Nerede banka var?
Geldautomat	para otomatı
Ich möchte … Euro (Schweizer Franken) in türkische Lira umwechseln.	Euro (Isviçre Frankı) karşılığında Türk Lirası istiyorum.
Was kostet …	Bir … kaça gidiyor?
… ein Brief …	… mektup …
… eine Postkarte …	… posta kartı …
… nach Deutschland?	… Almanya'ya?
Briefmarke	pul

WOCHENTAGE

Montag…	pazartesi
Dienstag…	salı
Mittwoch…	çarşamba
Donnerstag	perşembe
Freitag…	cuma
Samstag	cumartesi
Sonntag…	pazar

ZAHLEN

1	bir	13	on üç	50	elli
2	iki	14	on dört	60	altmış
3	üç	15	on beş	70	yetmiş
4	dört	16	on altı	80	seksen
5	beş	17	on yedi	90	doksan
6	altı	18	on sekiz	100	yüz
7	yedi	19	on dokuz	200	iki yüz
8	sekiz	20	yirmi	1000	bin
9	dokuz	21	yirmi bir	2000	iki bin
10	on	22	yirmi iki	10000	on bin
11	on bir	30	otuz	1/2	yarım
12	on iki	40	kırk	1/4	çeyrek

Hotel Four Seasons

> UNTERWEGS IN ISTANBUL

Die Seiteneinteilung für den Reiseatlas finden Sie auf dem hinteren Umschlag dieses Reiseführers

CITY ATLAS

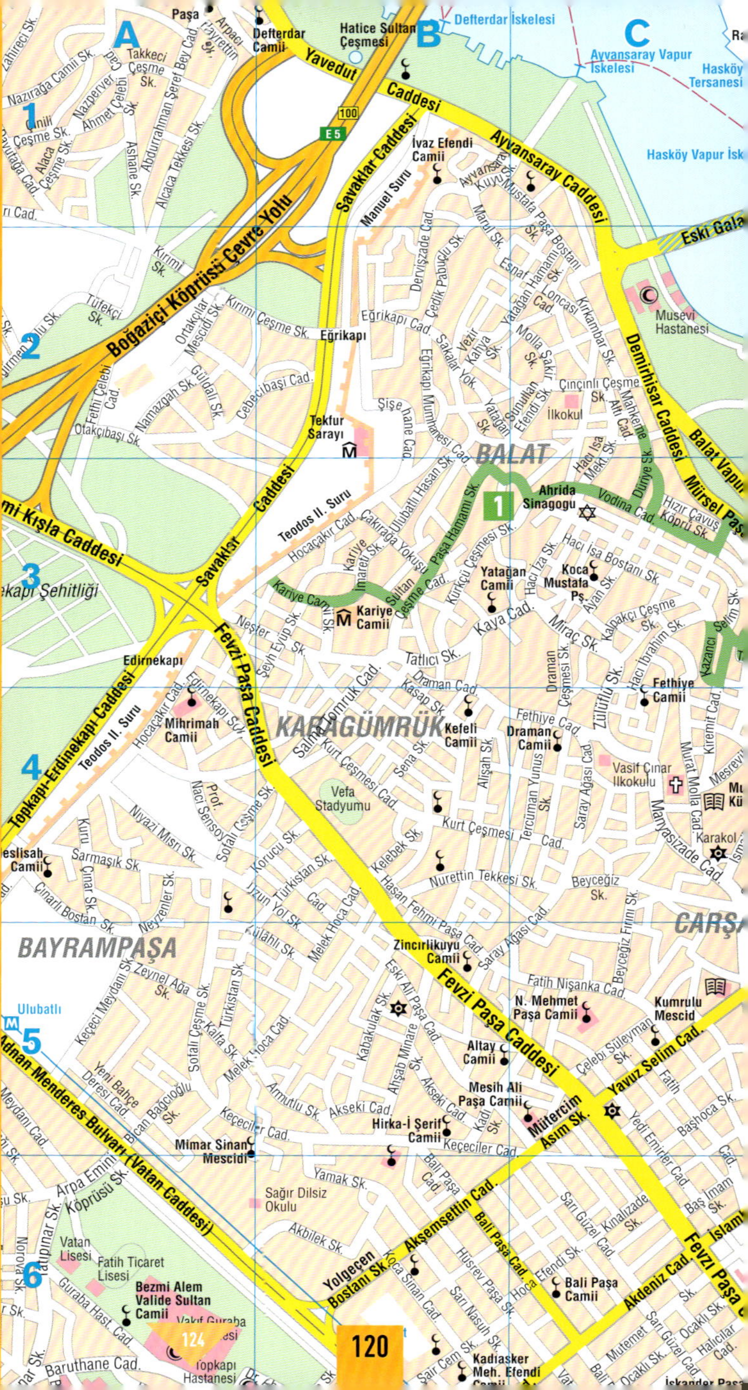
A
B
C
1
2
3
4
5
6
Defterdar İskelesi
Ayvansaray Vapur İskelesi
Hasköy Tersanesi
Hasköy Vapur İsk
Hatice Sultan Çeşmesi
Defterdar Camii
Paşa
Yavedut Caddesi
Ayvansaray Caddesi
Savaklar Caddesi
İvaz Efendi Camii
Manuel Suru
Boğaziçi Köprüsü Çevre Yolu
E5
100
Eski Gala
Musevi Hastanesi
Demirhisar Caddesi
Balat Vapur
Mürsel Paşa
Eğrikapı
Tekfur Sarayı
BALAT
Ahrida Sinagogu
Vodina Cad.
Hızır Çavuş Köprü Sk.
Teodos II. Suru
Kariye Camii
Yatağan Camii
Koca Mustafa Ps.
Fethiye Camii
Edirnekapı
Mihrimah Camii
Fevzi Paşa Caddesi
Topkapı-Edirnekapı Caddesi
KARAGÜMRÜK
Kefeli Camii
Draman Camii
Vasif Çınar İlkokulu
Vefa Stadyumu
Karakol
BAYRAMPAŞA
ÇARŞA
Zincirlikuyu Camii
N. Mehmet Paşa Camii
Kumrulu Mescid
Altay Camii
Mesih Ali Paşa Camii
Hırka-i Şerif Camii
Mimar Sinan Mescidi
Sağır Dilsiz Okulu
Ulubatlı
Adnan Menderes Bulvarı (Vatan Caddesi)
Yavuz Selim Cad.
Mütercim Asım Sk.
Akşemseltin Cad.
Bali Paşa Cad.
Bali Paşa Camii
Akdeniz Cad.
Vatan Lisesi
Fatih Ticaret Lisesi
Bezmi Alem Valide Sultan Camii
Vakıf Guraba
Topkapı Hastanesi
Baruthane Cad.
Kadıasker Meh. Efendi
İlkokul
124

D
E
F
HASKÖY
KULAKSIZ
Hasköy Cad.
Aynalı Kavak Cad.
Türk Müzik Aletleri Müzesi
Aynalı Kavak Kasrı
Kasımpaşa Zindanarkası Mezarlığı
Kasımpaşa Hasköy Yolu Melez Sk.
Çamaltı Tersanesi
Taşkızak Tersanesi
Balat Vapur İskelesi
Fener Vapur İskelesi
Kasımpaşa Deniz Hastanesi
KASIMPAŞA
Kuzey Deniz Saha Komutanlığı
Kampaşa Vapur İskelesi
Haliç
FENER
Griech.-orthodoxes Patriarchat
Abdülezel Paşa Caddesi
Bulgar Kilise
Aykapı İskelesi
Eyüp-Beyoğlu-Fatih-Eminönü-Üsküdar
200 m
Cıbalı Vapur İskelesi
Sultan Selim Camii
Çukurbostan Camii
Yavuz Selim Cad.
Gül Camii
Hacı Ferhat Camii
Atatürk Köprüsü
ZEYREK
KÜÇÜKPAZAR
Ragıp Gümüşpala Caddesi
Yeni Doğan Camii
Eski İmaret Camii
Eski Mabe Camii
Molla Zeyrek Camii
Ist. Manifaturacılar Çarşısı
Şepsefa Hatun Camii
Hoca Gıyasettin Camii
Botanik Enstitüsü
Mimar Sinan Türbesi
FATİH
Fatih Kütüphanesi
Fatih İlkokulu
Hüsam Bey Camii
İtfaiye
Yıkık Camii
Sinan Paşa Camii
1
2
3
4
5
6
125

A
B
C
1
2
3
4
5
6
Dolapdere Caddesi
Bahriye Caddesi
Ömer Hayyam Cad.
Tarlabaşı Bulvarı
Tarlabaşı
BEYOĞLU
TEPEBAŞI
TÜNEL
ŞİŞHANE
KARAKÖY
İstiklâl Caddesi
Hamalbaşı Cad.
Meşrutiyet Cad.
Galatasaray
Galatasaray Lisesi
Galatasaray Hamamı
Çiçek Pasajı
Ses Theater
St. Antuan Kilisesi
İstanbul Sergi Sarayı
Pera Müzesi
Tepebaşı Parkı
Kasımpaşa Stadı
Tepebaşı Vatan Hastanesi
Kamer Hatun Camii
Adam M. Müzesi
Ağa Camii
Bedreddin Camii
Kasım Paşa Camii
Büyük Kasımpaşa Camii
Tomtom Kaptan Camii
Çukurcuma Camii
Firuzağa Camii
Hacıpiri Camii
Boğazkesen Cad.
Defterdar Yokuşu Sk.
Italian Hast.
Tophane Binası
Tophane
Kılıç Ali Paşa Camii
Kılıç Ali Ps. Hamamı
Evliya Çelebi Caddesi
Refik
Yolcuzade İskender Caddesi
Beyoğlu Ticaret Lisesi
Tünel
Mevlevihane Müzesi
Galata Mevlevihanesi
Christ Church
Galip Dede Cad.
Okçu Musa Caddesi
Okçumusa Camii
Hoca Ali Camii
St. Benoit
Galata Kulesi
Beyoğlu Hast.
Azapkapı Çeşmesi
Azapkapı Sokullu M. Paşa Camii
Arap Camii
Tersane Cad.
Voyvoda Cad.
St. George Hast.
Zülfaris Synagoge
Yüzbaşı Sabahattin Evren Cad.
Kemeraltı Caddesi
Necatibey Caddesi
Denizcilik Bankası Hastanesi
Kemankeş Must. Ps. Camii
Yeraltı Camii
Karaköy
Karaköy Meyd.
Rıhtım Cad.
Deniz Otobüsü İskelesi
Karaköy Vapur İskelesi
Haliç
Eyüp-Beyoğlu-Fatih-Eminönü-Üsküdar
Galata Köprüsü
İstanbul Ticaret Odası
Ahi Çelebi Camii
Sobacılar Cad.
Rüstem Paşa Hamamı
Rüstem Paşa Camii
Eminönü Meydanı
Eminönü
Şehirhattı İskelesi
Eminönü İskelesi
Sirkeci İskelesi
Yeni
126

D
E
F
1
2
3
4
5
6
Yeni Katolik Sırp Agop Hastanesi
Hotel
Hyatt Regency
İstanbul Teknik Üniversitesi
Taşkışla Cad.
Yedi-Kuyular-Caddesi
Cumhuriyet Caddesi
Asker Ocağı Cad.
Hotel Inter-Continental
Taksim Gezi Yeri
Mete Cad.
Taksim Uluslararası İş Merkezi
İnönü Stadyumu
Gazhane Bostanı Sk.
Kadırgalar Cad.
Bayıldım Cad.
Taşlik Parkı
Vişneli Tekke Sk.
Baba Efendi Sk.
Çamlı Köş
Dolmabahçe Caddesi
Dolmabahçe Gazhanesi Caddesi
Dolmab Sarayı
Lamartin Cad.
Aydede Cad.
TAKSİM
Taksim Cumhuriyet Meydanı
Taksim
Cumhuriyet Abidesi
Miralay Şefik Bey Sk.
İstanbul Teknik Üniversitesi Mühendislik Fakülteleri
Gümüşsuyu Askeri Hastanesi
GÜMÜŞSUYU
Dolmabahçe Saatkulesi
Dolmabahçe Camii
Tak-İ-Zafer Cad.
Atatürk Kültür Merkezi
İnönü Caddesi
Dümen Sk.
Bağ Odaları Sk.
Beytül Malcı
Hacı İzzet Paşa Sk.
Sulak Çeşme Sk.
Çifte Vav Sk.
Saray Arkası Sk.
Taksim
Aya Triada
Kazancıbaşı Camii Sk.
Osmanlı Sk.
Kazancı Yokuşu
Ülker Sk.
Kutlu Sk.
Ağa Çırağı Sk.
Hatun Camii Sk.
Beşaret Sk.
İnebolu Sokağı
Mebusan Caddesi
Meclis-i
KABATAŞ
Kabataş
Kabataş
Kabataş Vapur İskelesi
Kabataş-Beşiktaş
Sıraselviler Cad.
Arslan Yatağı Sk.
Somağır Sk.
Alman Hast.
Somuncu Sk.
Soğancı Sk.
Selime Hatun Camii Sk.
Mebusan Yokuşu
Rıza Bey Sk.
Molla Bayırı Sk.
Deniz Otobüsü İskelesi
Fındıklı Molla Çelebi Camii
Fındıklı
Necatibey Caddesi
Kabataş-Üsküdar
Cihangir Cad.
Alçak Dam Sk.
Sormagir Sk.
Hardal Sk.
Güneşli Sk.
Kumrulu Yokuşu
Susam Sk.
Emanetçi Sk.
Alçakdam Sk.
Cihangir Camii
Kumrulu Sk.
Cihangir Yok.
Mimar Sinan Üniversitesi
Salıpazarı
Atatürk Kız Lisesi
İlyas Çelebi Sk.
CİHANGİR
Enli Yokuşu
Antrepolar
Saatkulesi
Eminönü-Beşiktaş
Kabataş-Adalar-Yalova-Çınarcık
İstanbul Boğaziçi
Karaköy-Kabataş
Eyüp-Beyoğlu-Fatih-Eminönü-Üsküdar
Eminönü-Beşiktaş
Karaköy-Bakırköy
Sirkeci-Harem (Araba Vapurları)
İstanbul-Marmara-Akdeniz Hattı
Saray Burnu
Atatürk Heykeli
200 m
127

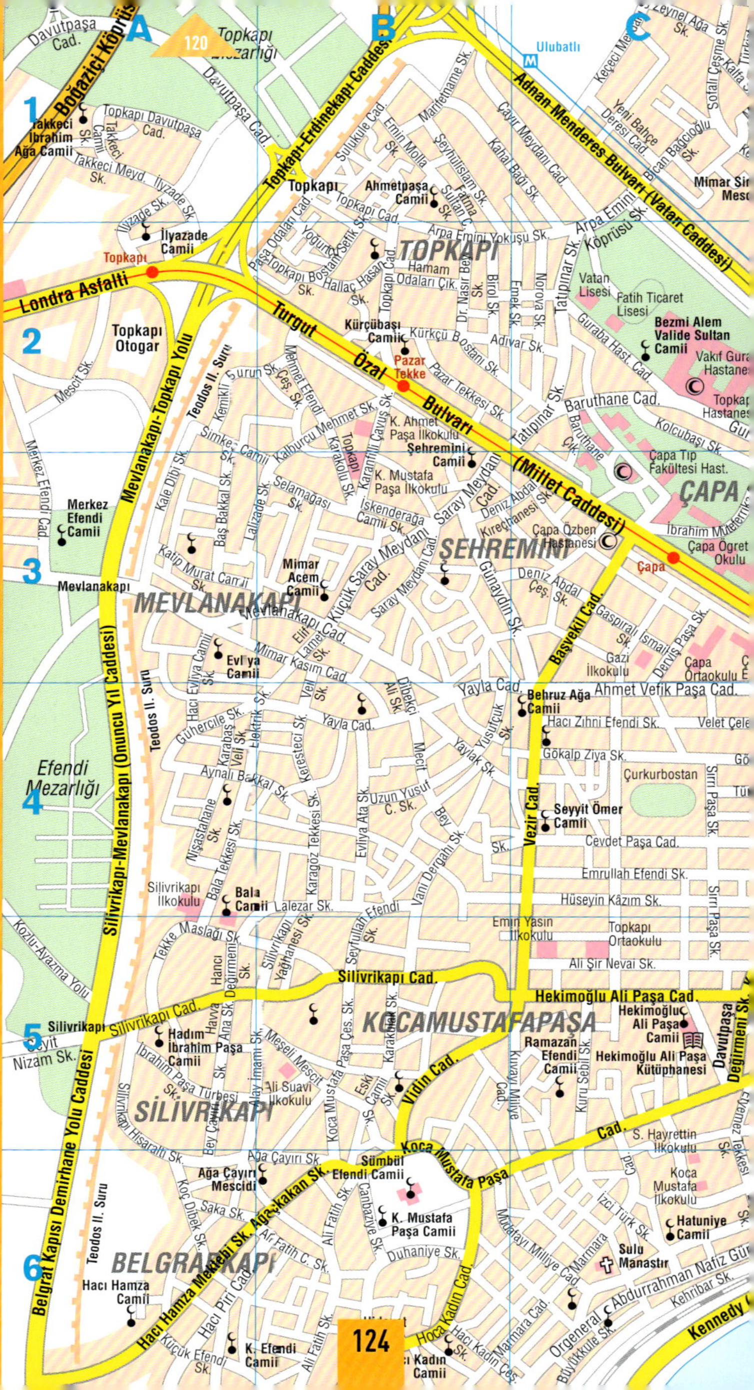
A
B
C
1
2
3
4
5
6
120
Topkapı Mezarlığı
Davutpaşa Cad.
Boğaziçi Köprüsü
Ulubatlı
Zeynel Ağa Sk.
Keçeci Meydanı
Sofalı Çeşme Sk.
Kalfa Sk.
Yeni Bahçe Deresi Cad.
Bican Bağcıoğlu Sk.
Mimar Sinan Mescidi
Adnan Menderes Bulvarı (Vatan Caddesi)
Takkeci İbrahim Ağa Camii
Topkapı Davutpaşa Cad.
Takkeci Camii Sk.
Takkeci Meyd. Sk.
İlyazade Sk.
İlyazade Camii
Topkapı-Erdinekapı Caddesi
Sulukule Cad.
Emin Molla Sk.
Marifetname Sk.
Şeyhülislam Sk.
Çayır Meydanı Cad.
Kahal Bağı Sk.
Topkapı
Ahmetpaşa Camii
Fatma Sultan C.
Topkapı Cad.
Paşa Odaları Cad.
Yoğurtçu Şefik Sk.
Arpa Emini Yokuşu Sk.
Arpa Emini Köprüsü Sk.
TOPKAPI
Topkapı Bostanı Sk.
Hallaç Hasan Sk.
Hamam Odaları Çık.
Dr. Nasır Bey Sk.
Birol Sk.
Emek Sk.
Norova Sk.
Tatupınar Sk.
Vatan Lisesi
Fatih Ticaret Lisesi
Bezmi Alem Valide Sultan Camii
Vakıf Gureba Hastanesi
Londra Asfaltı
Turgut Özal Bulvarı (Millet Caddesi)
Kürçübaşı Camii
Kürkçü Bostanı Sk.
Adıvar Sk.
Pazar Tekke
Pazar Tekkesi Sk.
Guraba Hast. Cad.
Topkapı Otogar
Mevlanakapı-Topkapı Yolu
Teodos II. Suru
Sürun Sk.
Mehmet Efendi Çeş. Sk.
Mescit Sk.
Kemikli Sk.
Simkeş Camii Sk.
Kalburcu Mehmet Sk.
Karanfilli Çavuş Sk.
K. Ahmet Paşa İlkokulu
Şehremini Camii
Tatupınar Sk.
Baruthane Cad.
Baruthane Çık.
Kolcubaşı Sk.
Çapa Tıp Fakültesi Hast.
ÇAPA
Merkez Efendi Cad.
Kale Dibi Sk.
Baş Bakkal Sk.
Lalizade Sk.
Selamağası Sk.
Karakolu Sk.
K. Mustafa Paşa İlkokulu
İskenderağa Camii Sk.
Saray Meydanı Cad.
Deniz Abdal Sk.
Kireçhanesi Sk.
Çapa Özben Hastanesi
İbrahim Müteferrika
Çapa Öğretmen Okulu
Merkez Efendi Camii
Mevlanakapı
Katip Murat Camii Sk.
Mimar Acem Camii
Küçük Saray Meydanı Cad.
ŞEHREMİNİ
Deniz Abdal Çeş. Sk.
Çapa
MEVLANAKAPI
Mevlanakapı Cad.
Elif Sk.
Lamel Sk.
Mimar Kasım Cad.
Günaydın Sk.
Başvekil Cad.
Gaspıralı İsmail Sk.
Derviş Paşa Sk.
Gazi İlkokulu
Çapa Ortaokulu
Evliya Camii
Hacı Evliya Camii Sk.
Veli Sk.
Dibekçi Ali Sk.
Yayla Cad.
Behruz Ağa Camii
Ahmet Vefik Paşa Cad.
Hacı Zihni Efendi Sk.
Velet Çelebi
Efendi Mezarlığı
Silivrikapı-Mevlanakapı (Onuncu Yıl Caddesi)
Teodos II. Suru
Gühercile Sk.
Karabaş Veli Sk.
Elektrik Sk.
Keresteci Sk.
Mecit Sk.
Yusufçuk Sk.
Yaylak Sk.
Gökalp Ziya Sk.
Çurkurbostan
Aynalı Bakkal Sk.
Uzun Yusuf C. Sk.
Bey Sk.
Vezir Cad.
Seyyit Ömer Camii
Sırrı Paşa Sk.
Nişastahane Sk.
Bala Tekkesi Sk.
Karagöz Tekkesi Sk.
Evliya Ata Sk.
Vani Dergahı Sk.
Cevdet Paşa Cad.
Emrullah Efendi Sk.
Silivrikapı İlkokulu
Bala Camii
Lalezar Sk.
Seyfullah Efendi Sk.
Hüseyin Kâzım Sk.
Emin Yasin İlkokulu
Topkapı Ortaokulu
Ali Şir Nevai Sk.
Kozlu-Ayazma Yolu
Tekke Maslağı Sk.
Hancı Sk.
Değirmeni Sk.
Silivrikapı Yağhanesi Sk.
Silivrikapı Cad.
Hekimoğlu Ali Paşa Cad.
Silivrikapı
Seyit Nizam Sk.
Hadım İbrahim Paşa Camii
Havva Ana Sk.
Alay İmamı Sk.
Meşeli Mescit Sk.
Koca Mustafa Paşa Çeş. Sk.
Karakolak Sk.
KOCAMUSTAFAPAŞA
Hekimoğlu Ali Paşa Camii
Hekimoğlu Ali Paşa Kütüphanesi
Davutpaşa Değirmeni Sk.
Ramazan Efendi Camii
Kuru Sebil Sk.
Kuvayı Milliye Cad.
Vidin Cad.
İbrahim Paşa Türbesi Sk.
Ali Suavi İlkokulu
Eski Camii Sk.
SİLİVRİKAPI
Silivrikapı Hisaraltı Sk.
Bey Çayırı Sk.
Belgrat Kapısı Demirhane Yolu Caddesi
Koca Mustafa Paşa Cad.
S. Hayrettin İlkokulu
Elvemez Tekkesi Sk.
Ağa Çayırı Sk.
Ağa Çayırı Mescidi
Koç Dibek Sk.
Sümbül Efendi Camii
Hacı Hamza Mektebi Sk.
Ağa Yokuşu Sk.
Saka Sk.
Ali Fatih Sk.
Canbazye Sk.
K. Mustafa Paşa Camii
Koca Mustafa İlkokulu
İzci Türk Sk.
Hatuniye Camii
Teodos II. Suru
Ali Fatih C. Sk.
Duhaniye Sk.
Mutatayı Milliye Cad.
Marmara Cad.
Sulu Manastır
BELGRADKAPI
Hacı Hamza Camii
Hacı Piri Cad.
Hoca Kadın Cad.
Orgeneral Abdurrahman Nafiz Gürman Cad.
Kehribar Sk.
Büyükkule Sk.
Kennedy Cad.
Küçük Efendi Sk.
K. Efendi Camii
Ali Fatih Sk.
Hacı Kadın Sk.
Hacı Kadın Çeş.
Hoca Kadın Camii

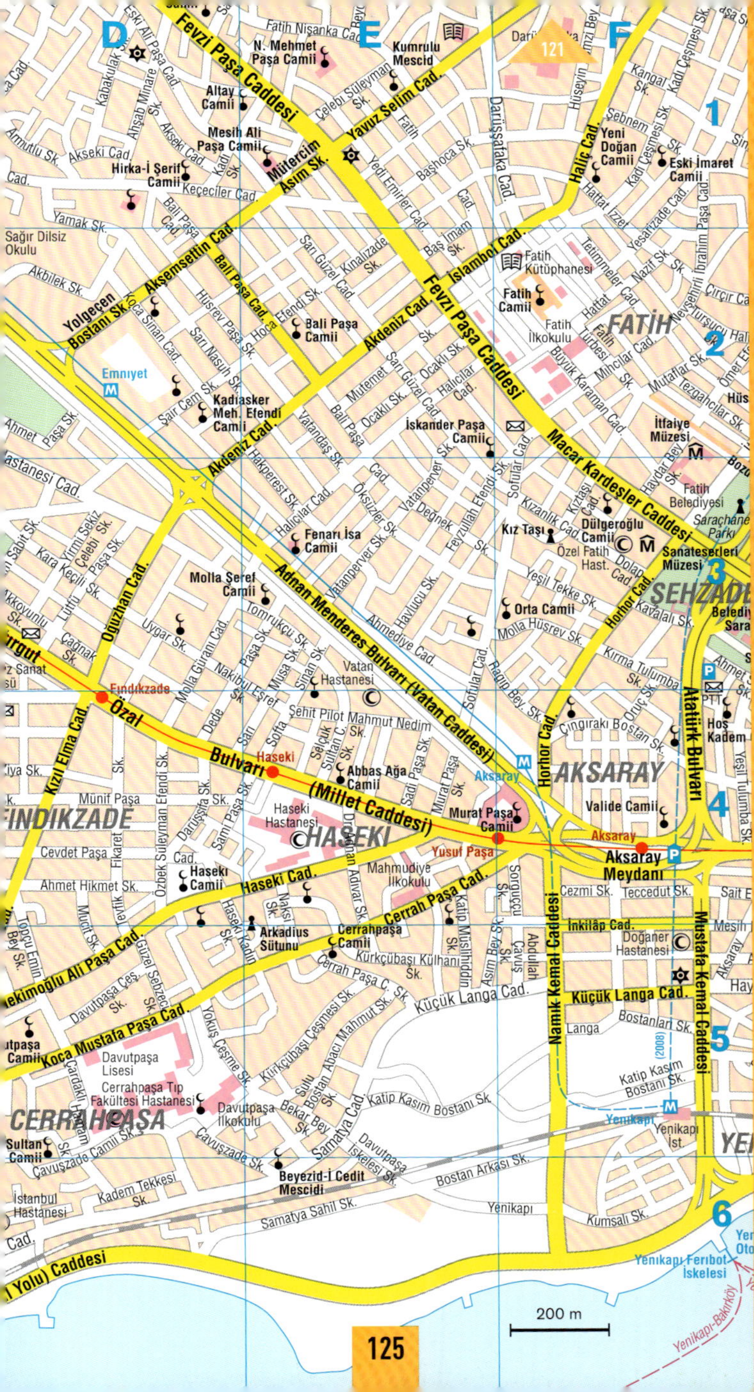
D
E
F
121
1
2
3
4
5
6
Fevzi Paşa Caddesi
N. Mehmet Paşa Camii
Kumrulu Mescid
Altay Camii
Yavuz Selim Cad.
Mesih Ali Paşa Camii
Mürcim Asım Sk.
Hırka-i Şerif Camii
Keçeciler Cad.
Akseki Cad.
Yamak Sk.
Sağır Dilsiz Okulu
Akbilek Sk.
Akşemsettin Cad.
Bali Paşa Cad.
Yolgeçen Bostanı Sk.
Emniyet
Bali Paşa Camii
Kadıasker Meh. Efendi Camii
Akdeniz Cad.
Fevzi Paşa Caddesi
İslambol Cad.
Fatih Kütüphanesi
Fatih Camii
Fatih İlkokulu
FATİH
Haliç Cad.
Yeni Doğan Camii
Eski İmaret Camii
Darüşşafaka Cad.
İskender Paşa Camii
Macar Kardeşler Caddesi
İtfaiye Müzesi
Fatih Belediyesi
Saraçhane Parkı
Kız Taşı
Dülgeroğlu Camii
Özel Fatih Hast.
Sanateserleri Müzesi
ŞEHZADE
Fenarı İsa Camii
Molla Şeref Camii
Adnan Menderes Bulvarı (Vatan Caddesi)
Orta Camii
Oğuzhan Cad.
Horhor Cad.
Vatan Hastanesi
Fındıkzade
Özal
Bulvarı
(Millet Caddesi)
Haseki
Şehit Pilot Mahmut Nedim Sk.
Abbas Ağa Camii
Aksaray
AKSARAY
Atatürk Bulvarı
Murat Paşa Camii
Valide Camii
Kızıl Elma Cad.
FINDIKZADE
Haseki Hastanesi
HASEKİ
Yusuf Paşa
Aksaray Meydanı
Haseki Camii
Haseki Cad.
Mahmudiye İlkokulu
Cerrah Paşa Cad.
Arkadius Sütunu
Cerrahpaşa Camii
Namık Kemal Caddesi
Mustafa Kemal Caddesi
Doğaner Hastanesi
Küçük Langa Cad.
Langa
Koca Mustafa Paşa Cad.
Davutpaşa Lisesi
Cerrahpaşa Tıp Fakültesi Hastanesi
Davutpaşa İlkokulu
CERRAHPAŞA
Sultan Camii
Katip Kasım Bostanı Sk.
Yenikapı
Yenikapı İst.
Beyezid-i Cedit Mescidi
İstanbul Hastanesi
Samatya Sahil Sk.
Bostan Arkası Sk.
Kumsalı Sk.
Yenikapı Feribot İskelesi
Yenikapı-Bakırköy
200 m

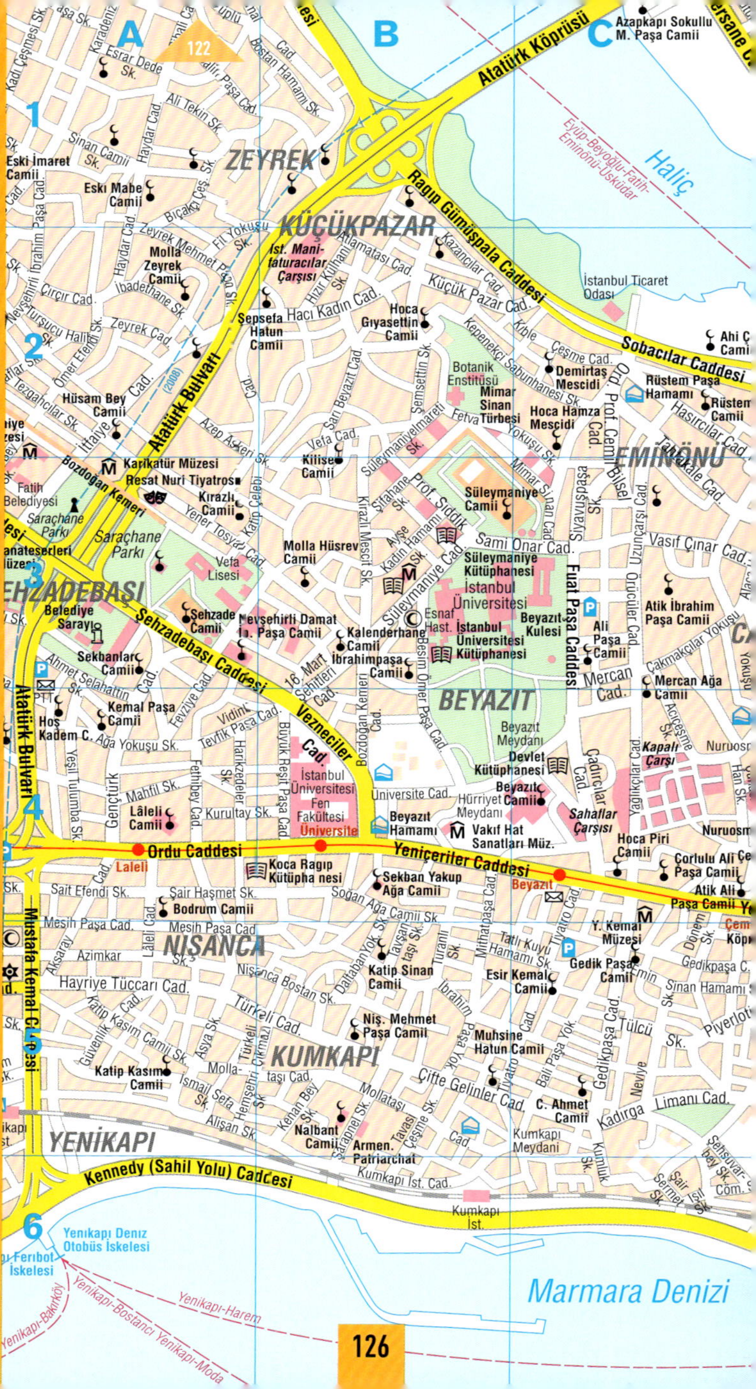
A
B
C
1
2
3
4
5
6
Zeyrek
Küçükpazar
Eminönü
Şehzadebaşı
Beyazıt
Nişanca
Kumkapı
Yenikapı
Haliç
Marmara Denizi
Atatürk Köprüsü
Atatürk Bulvarı
Ragıp Gümüşpala Caddesi
Sobacılar Caddesi
Şehzadebaşı Caddesi
Vezneciler Cad.
Ordu Caddesi
Yeniçeriler Caddesi
Kennedy (Sahil Yolu) Caddesi
Mustafa Kemal Caddesi
Fuat Paşa Caddesi
Süleymaniye Camii
Süleymaniye Kütüphanesi
İstanbul Üniversitesi
Beyazıt Kulesi
Beyazıt Meydanı
Kapalı Çarşı
Sahaflar Çarşısı
Bozdoğan Kemeri
Saraçhane Parkı
Şehzade Camii
Laleli
Üniversite
Beyazıt
Yenikapı Deniz Otobüs İskelesi
Feribot İskelesi
Kumkapı Ist.
Eyüp-Beyoğlu-Fatih-Eminönü-Üsküdar
Yenikapı-Harem
Yenikapı-Bostancı Yenikapı-Moda
Yenikapı-Bakırköy

D
E
F
123
1
2
3
4
5
6
200 m
KARAKÖY
Arap Camii
Voyvoda Cad.
St. George Hast.
Necatibey
Kemankeş Cad.
Galata Mumhane
Maliye Cad.
Denizcilik Bankası Hastanesi
Zülfaris Synagoge
Karaköy
Yüzbaşı Sabahattin Evren Cad.
Yeraltı Camii
Kemankeş Must. Ps. Camii
Deniz Otobüsü İskelesi
Rıhtım Cad.
Karaköy Meyd.
Karaköy Vapur İskelesi
Karaköy-Kabataş
Eminönü-Beşiktaş
Eyüp-Beyoğlu-Fatih-Eminönü-Üsküdar
Sirkeci-Harem (Araba Vapurları)
Karaköy-Haydarpaşa-Kadıköy
İstanbul-Marmara-Akdeniz Hattı
Galata Köprüsü
Eminönü Meydanı
Eminönü
Şehirhattı İskelesi
Eminönü İskelesi
Sirkeci İskelesi
Sirkeci Feribot İskelesi
Saray Burnu
Atatürk Heykeli
Reşadiye Caddesi
Yeni Camii
Arpacılar Camii
SIRKECI
Kennedy (Sahil Yolu) Caddesi
Yalı Köşkü Cad.
Hatice Turhan S. Türbesi
S. Hamit Türbesi
Mimar Kemalettin Cad.
Hamidiye Cad.
Borsa
Sirkeci
Sirkeci İstasyon Cad.
Sirkeci Garı
İstasyon Arkası Sk.
Daye Hatun Mescidi
Gotlar Sütunu
Şehin Şah Pehlevi Cad.
Aşirefendi Cad.
PTT
Ankara Caddesi
Hüdavendigar Cad.
Nöbethane Cad.
Gülhane
Karaki Hüs. Çelebi Camii
Tanzimat Müzesi
Cemal Nadir Sk.
İbni Kemal Cad.
Ebusuut Cad.
Taya Hatun Sk.
Parkı
Topkapı Saray Müzesi
Çinili Köşkü
Eski Şark Eserleri Müzesi
Bâb-ı-Ali Camii
İstanbul Erek Lisesi
İstanbul Vilayet
Bâb-ı-Ali
Alemdar Cad.
Bâb-üs Selâm
Alay Köşkü
Arkeoloji Müzesi
Gülhane
Türkocağı Cad.
Cağaloğlu Hamamı
Ağa Camii
Mahmutpaşa Camii
SULTANAHMET
Babıali Caddesi
Nuruosmaniye
Molla Fenari Camii
Yerebatan Camii
Soğukçeşme Sk.
Aya İrini Kilise Müzesi
Konstantin Suru
Çemberlitaş Hamamı
Basın Müzesi
Çatal Çeşme Sk.
Yerebatan Sarayı
Hagia Sophia (Ayasofya C. Müz.)
Ahmet III Çesmesi
Bâb-i Hümayun
Sultanahmet
Divanyolu Cad.
Sağlık Müzesi
Köprülü Küt.
Binbirdirek-Zisterne
Sultanahmet Parkı
Ayasofya Meydanı
Babıhümayun Cad.
Haseki Ham.
Alman Çeşmesi
Türk ve İslam Eserleri Müz.
İshak Paşa Camii
Hippodrom
Vakıflar Halı Müzesi
At Meydanı
Kabasakal Cad.
Örme Sütun
Dikilitaş
Ahırkapı Feneri
Cankurtaran İst.
Derive Tenasül Hastalıkları Hastanesi
Yılan Sütun
Sultan Ahmet Camii
Tavukhane Sk.
Mozaik Müzesi
Cankurtaran İlkokulu
Cankurtaran Cad.
Nakilbent Camii
Küçük Ayasofya Cad.
Küçük Aya Sofya Camii
Nakilbent
ÇATLADIKAPI
Kennedy (Sahil Yolu) Caddesi
Ahır Kapı Sk.
Keresteci Hakkı Sk.
Akbıyık Değirmeni Sk.
Fenerli Kapı Sk.
Oyuncu Sk.
Aksakal Sk.

A
B
C
1
2
3
4
5
6
Kömürcüpınar
İhsaniye
Kısımandıra
Odayeri
Çiftalan
166
180
Kısımandıra Dere
016
Bolluca
Boğazköy
Alibey Deresi
Belgrat Ormanı
Bentler
Göktürk
Kemerburgaz
Pirinççi
253
020
Habibler
Alibey Barajı
218
Cebeci
Kanlı Dere
130
Hasanoğlu Deresi
Hamam Deresi
Hasdal
Alibey Der.
Küçükköy
Alibeyköy
İkitelli
Metris
Mahmutbey Batı
Mahmutbey Doğu
E80
GAZIOSMANPAŞA
Miniatürk
Okmeydanı
Mahmutbey
Esenler
EYÜP
Halkalı
Halkalı Deresi
Küçük
Bağcılar
BAYRAMPAŞA
Kirazlı
Haliç
Safraköy
Orta Aks
Vatan Cad.
FATİH
Süleymaniye Camii
EMİNÖNÜ
Kapalı Çarşı
Küçük Çekmece Gölü
Kocasinan
Bahçelievler
Osmaniye
Merter
İncirli
Çobançeşme
100
ZEYTINBURNU
Yedikule Surları
BAKIRKÖY
İSTANBUL
(120)
Atatürk Havaalanı
KÜÇÜK-ÇEKMECE
Yeşilköy
5 km
İzmir
Bandırma Yalova
MARMARA

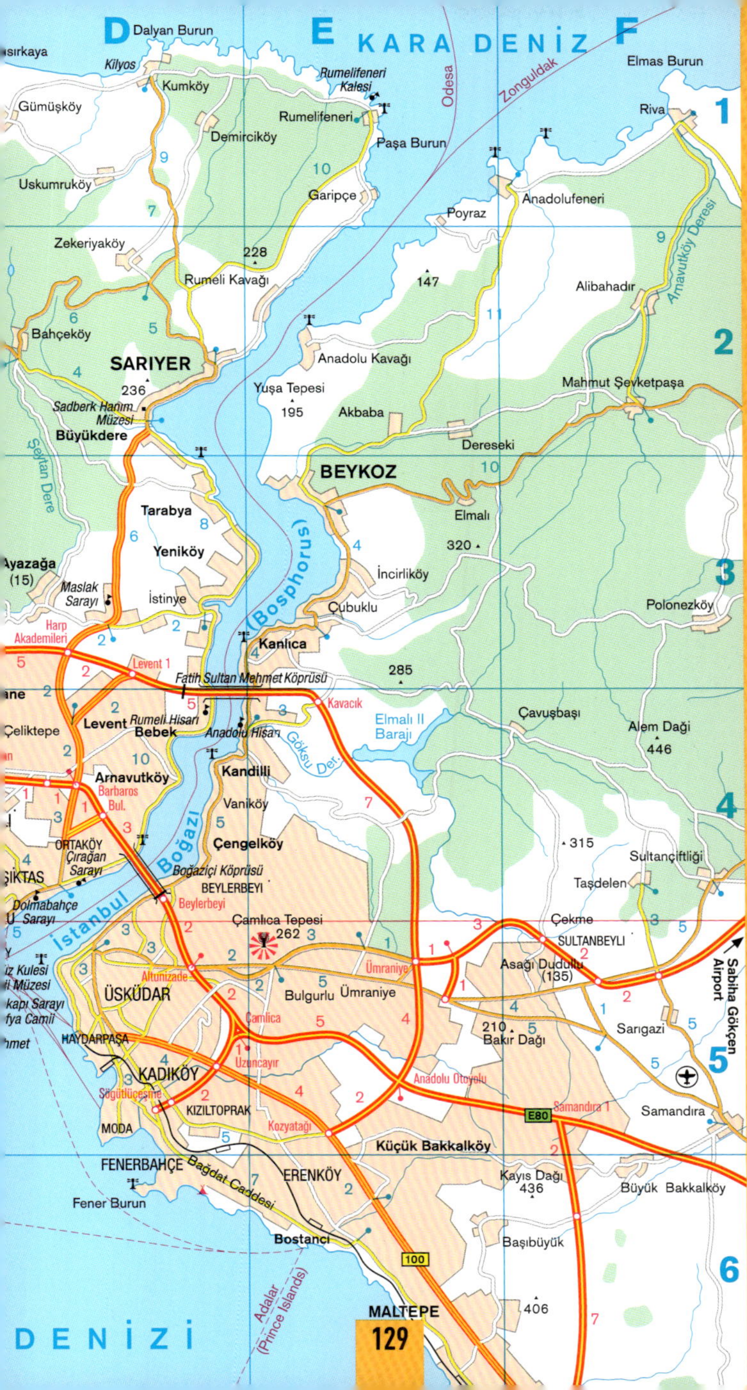

D
E
F
KARA DENİZ
Dalyan Burun
Kilyos
Kumköy
Gümüşköy
Rumelifeneri Kalesi
Rumelifeneri
Paşa Burun
Demirciköy
Uskumruköy
Garipçe
Zekeriyaköy
Rumeli Kavağı
Bahçeköy
SARIYER
Sadberk Hanım Müzesi
Büyükdere
Şeytan Dere
Tarabya
Yeniköy
Ayazağa
Maslak Sarayı
İstinye
Harp Akademileri
Levent 1
Levent
Çeliktepe
Rumeli Hisarı
Bebek
Arnavutköy
Barbaros Bul.
ORTAKÖY
Çırağan Sarayı
Dolmabahçe Sarayı
İstanbul Boğazı
Bosphorus
Fatih Sultan Mehmet Köprüsü
Anadolu Hisarı
Kandilli
Vaniköy
Çengelköy
Boğaziçi Köprüsü
BEYLERBEYİ
Beylerbeyi
Çamlıca Tepesi
Altunizade
ÜSKÜDAR
HAYDARPAŞA
KADIKÖY
Söğütlüçeşme
MODA
KIZILTOPRAK
FENERBAHÇE
Fener Burun
Bağdat Caddesi
ERENKÖY
Kozyatağı
Bostancı
Adalar (Prince Islands)
MALTEPE
DENİZİ
Odesa
Zonguldak
Elmas Burun
Riva
Anadolufeneri
Poyraz
Alibahadır
Amavutköy Deresi
Anadolu Kavağı
Yuşa Tepesi
Akbaba
Mahmut Şevketpaşa
Dereseki
BEYKOZ
Elmalı
İncirliköy
Çubuklu
Kanlıca
Polonezköy
Kavacık
Göksu Der.
Elmalı II Barajı
Çavuşbaşı
Alem Dağı
Taşdelen
Sultançiftliği
Çekme
SULTANBEYLİ
Aşağı Dudullu
Ümraniye
Bulgurlu
Çamlıca
Uzunçayır
Bakır Dağı
Sarıgazi
Anadolu Otoyolu
Samandıra 1
Samandıra
Sabiha Gökçen Airport
E80
Küçük Bakkalköy
Kayış Dağı
Büyük Bakkalköy
Başıbüyük
100

Das Register enthält eine Auswahl der im Cityatlas dargestellten Straßen und Plätze

16. Mart Şehitleri Cad. **126/B3-4**

A

Aşık Paşa Sk. **121/D-E5**
Aşıklar Meydanı Sk. **122/A3-B2**
Aşıklar Sk. **122/C1**
Aşirefendi Cad. **127/D3**
Abacı Mahmut Sk. **125/E5**
Abanoz Sk. **122/C2**
Abdülezel Paşa Caddesi **121/D3-4**
Abdülhak Hamit Cad. **122/C1-123/D2**
Abdullah Çavuş Sk. **125/F5**
Abdullah Sk. **121/F2**
Acıçeşme Sk. **126/C3-4**
Adıvar Sk. **124/B-C2**
Adnan Menderes Bulvarı (Vatan Caddesi) **124/B1-125/F4**
Ahır Kapı Sk. **127/E5-6**
Ahşab Minare Sk. **120/B5**
Ahmediye Cad. **125/E3**
Ahmet Hikmet Sk. **125/D4**
Ahmet Selahattin Sk. **126/A3-4**
Ahmet Vefik Paşa Cad. **124/C4-125/D4**
Akşemsettin Cad. **120/B-C6**
Akbıyık Cad. **127/E5**
Akbıyık Değirmeni Sk. **127/E5-6**
Akbilek Sk. **120/A-B6**
Akdeniz Cad. **120/B-C6**
Akkoyunlu Sk. **125/D3**
Aksakal Sk. **127/D-E6**
Aksaray Cad. **126/A4-5**
Aksaray Meydanı **125/F4**
Akseki Cad. **120/B5**
Alaca Hamam Cad. **126/C3**
Alayköşkü Cad. **127/D-E4**
Alçak Dam Sk. **123/D3**
Alçakdam Sk. **123/D3**
Alemdar Cad. **127/E4-5**
Ali Fatih C. Sk. **124/B6**
Ali Fatih Sk. **124/B6**
Ali Hoca Sk. **122/B4**
Ali Tekin Sk. **121/E5**
Ali Şir Nevai Sk. **124/C5**
Alişah Sk. **120/B4-5**
Alişan Sk. **126/A-B5**
Anbar Arkası Sk. **122/A3-4**
Ankara Caddesi **127/D4-E3**
Araplı Sk. **121/F2-3**
Arapzade Dergahı Sk. **122/A1**
Arda Cad. **121/F2**
Armutlu Sk. **120/B5**
Arpa Emini Köprüsü Sk. **120/A5-6**
Arpa Emini Yokuşu Sk. **124/B-C2**
Arslan Yatağı Sk. **123/D3**
Asım Bey Sk. **125/E5-F4**
Asker Ocağı Cad. **123/D1**
Asmalı Mescit Sk. **122/B3-4**
Asya Sk. **126/A5**
At Meydanı Sk. **127/D-E5**
Atatürk Bulvarı **126/A4-B1**
Atatürk Köprüsü **121/F5**
Atlamatası Cad. **121/E-F6**
Ayşe Kadın Hamamı Sk. **126/B3**
Ayan Sk. **120/C3**
Ayasofya Meydanı **127/E5**
Aydede Cad. **123/D1**
Aynalı Bakkal Sk. **124/A-B4**
Aynalı Çeşme Cad. **122/A-B2**
Aynalı Kavak Cad. **121/D1-2**
Ayvansaray Caddesi **120/B1-C2**
Ayvansaray Kuyu Sk. **120/B1**
Azapkapı Çeşmesi **122/A4**
Azep Askeri Sk. **126/A2-B3**
Azimkar Sk. **126/A5**
Ağa Çırağı Sk. **123/D2-3**
Ağa Çayırı Sk. **124/A-B6**
Ağa Hamamı Sk. **122/C3**
Ağa Yokuşu Sk. **126/A4**
Ağaçkakan Sk. **124/A-B6**

B

Baba Efendi Sk. **123/F1**
Baş İmam Sk. **120/C6**
Baş Bakkal Sk. **124/A3**
Başhoca Sk. **120/C6-121/D5**
Babıali Caddesi **127/D4**
Babıhümayun Cad. **127/E4-5**
Bahriye Caddesi **122/A2-3**
Bakraç Sk. **123/D3**
Bala Tekkesi Sk. **124/A4**
Balat Vapur İskelesi Caddesi **120/C2-121/D3**
Bali Paşa Cad. **120/B5-C6**
Bali Paşa Yok. **126/C5**
Balo Sk. **122/C2**
Balyoz Sk. **122/B3**
Baruthane Çık. **124/C2-3**
Baruthane Cad. **124/C2**
Bağ Odaları Sk. **123/E2**
Bayıldım Cad. **123/F1**
Beşaret Sk. **123/E2**
Bekar Bey Sk. **125/E5**
Belgrat Kapısı Demirhane Yolu Caddesi **124/A5-6**
Besim Ömer Paşa Cad. **126/B3-4**
Bey Çayırı Sk. **124/A5-6**
Beyazıt Meydanı **126/C4**
Beyceğiz Fırını Sk. **120/C4-5**
Beyceğiz Sk. **120/C4**
Beytül Malcı Sk. **123/E2**
Bıçakçı Çeş. Sk. **121/E5-6**
Bican Bağcıoğlu Sk. **120/A5**
Billur Sk. **122/B5**
Birol Sk. **124/B2**
Bocurgat Sk. **122/B2**
Bostan Arkası Sk. **125/E6-F5**
Bostan Hamamı Sk. **121/E5**
Bostanbaşı Cad. **122/C3**
Bozdoğan Kemeri Cad. **126/B3-4**
Boğazkesen Cad. **122/C3-4**
Büyük Hendek Sk. **122/B4**
Büyük Karaman Cad. **121/D6**
Büyük Parmakkapısı Sk. **122/C2**
Büyük Reşit Paşa Cad. **126/B4**
Büyük Yokuş Sk. **122/A1**
Büyükkule Sk. **124/C6**

C

C. Meydanı Sk. **127/D2-3**
Caferiye Sk. **127/E4**
Camcı Çeş. Yokuşu Sk. **121/D4**
Camcı Feyzi Sk. **122/B-C4**
Canbaziye Sk. **124/B6**
Cankurtaran Cad. **127/E5-6**
Cebecibaşi Cad. **120/A-B2**
Cemal Nadir Sk. **127/D3**
Cerrah Paşa C. Sk. **125/E5**
Cerrah Paşa Cad. **125/E5-F4**
Cevdet Paşa Cad. **124/C4-125/D4**
Cezmi Sk. **125/F4**
Cibali Cad. **121/E4-5**
Cibali Set Sk. **121/D4**
Cihangir Cad. **123/D3**
Cihangir Yok. **123/D3**
Cöm. Sk. **126/C6**
Cumhuriyet Caddesi **123/D1**
Çınarlı Bostan Sk. **120/A4-5**
Çınçınlı Çeşme Sk. **120/B-C2**
Çıngıraklı Bostan Sk. **125/F4**
Çıracı Sk. **122/C4-5**
Çırakçı Çeşmesi Sk. **121/D4-5**
Çırçır Cad. **121/D-E6**
Çadırcılar Cad. **126/C4**
Çakırağa Yokuşu **120/B3**
Çakmakçılar Yokuşu **126/C3**
Çardaklı Hamam Sk. **125/D5**
Çatal Çesme Sk. **127/D4**
Çavuşzade Camii Sk. **125/D5-6**
Çavuşzade Sk. **125/D5-E6**
Çayır Meydanı Cad. **124/B-C1**
Çağnak Sk. **125/D3**
Çedik Pabuçlu Sk. **120/B1-2**
Çelebı Süleyman Sk. **120/C5**
Çiçek Pazarı Sk. **126/C-D3**
Çifte Gelinler Cad. **126/B-C5**
Çifte Vav Sk. **123/E2**
Çivici Sk. **122/A3**
Çorbacı Sk. **122/C1-2**
Çuhacı Han Sk. **126/C4**
Çukurcuma Cad. **122/C3**
Çukurlu Çeşme Sk. **122/C-123/D2**

D

Dalfes Direkçibaşi Sk. **122/B1**
DaltabanYok. Sk. **126/B4-5**
Darüşşafaka Cad. **120/C5-121/D6**
Darüşşifa Sk. **125/D4**
Davutpaşa İskelesi Sk. **125/E5-6**
Davutpaşa Çeş. Sk. **125/D5**
Davutpaşa Değirmeni Sk. **124/C5**
Dede Paşa Sk. **125/D4-E3**
Defterdar Yokuşu Sk. **122/C3-4**
Demir Cad. **122/A3**
Demirhisar Caddesi **120/C2-3**
Deniz Abdal Çeş. Sk. **124/B-C3**
Deniz Abdal Kıreçhanesi Sk. **124/B-C3**
Dereboyu Cad. **122/A2-3**
Dereotu Sk. **122/C1**
Derviş Paşa Sk. **124/C3**
Dervişzade Cad. **120/B1-2**
Değirmeni Sk. **121/F1-2**
Değnek Sk. **125/E3**
Dibekçi Ali Sk. **124/B3-4**
Dilbaz Sk. **122/B1**
Divanyolu Cad. **127/D4-E5**
Dizdariye Yok. **127/D5**
Dolap Cad. **125/F3**
Dolapdere Caddesi **122/A2-C1**
Dolmabahçe Caddesi **123/F1-2**
Dolmabahçe Gazhanesi Caddesi **123/E1-2**
Dönem Sk. **126/C4-5**
Dr. Adnan Adıvar Sk. **125/E4**
Dr. Ahmet Paşa Sk. **125/D2**
Dr. Nasır Bey Sk. **124/B2**
Draman Cad. **120/B3-4**
Draman Çeşmesi Sk. **120/C3-4**
Duhaniye Sk. **124/B6**
Dümen Sk. **123/E2**
Dutdibi Sk. **121/F2**
Duvarcı Adem Sk. **122/C1**

E

Ebürrıza Derg. Sk. **122/B1**
Ebusuut Cad. **127/D3-E4**

STRASSENREGISTER

Edirnekapı Sok. 120/A3-4
Elektrik Sk. 124/A4-B3
Elif Lamet Sk. 124/B3
Emanetçi Sk. 123/D3
Emek Sk. 124/C2
Emin Camii Sk. 122/B2
Emin Molla Sk. 124/B1
Emin Sinan Hamamı Sk. 126/C5-127/D5
Eminönü Meydanı 127/D2
Emrullah Efendi Sk. 124/C4-125/D4
Enli Yokuşu 123/D4
Eski Ali Paşa Cad. 120/B-C5
Eski Camii Sk. 124/B5
Eski Çeşme Sk. 122/C2
Eski Galata Köprösü 120/C2-121/D1
Esnaf Loncası Cad. 120/B-C2
Esrar Dede Sk. 121/E5
Etyemez Sk. 124/C6-125/D6
Etyemez Tekkesi Sk. 124/C5-6
Evliya Ata Sk. 124/B4
Evliya Çelebi Caddesi 122/A4
Eğrikapı Cad. 120/B2
Eğrikapı Mumhanesi Cad. 120/B2-3

F

Faik Paşa Yokuşu 122/C3
Fatih Cad. 120/C5-6
Fatih Nişanka Cad. 120/B-C5
Fatih Sultan Minberi Cad. 121/E-F1
Fatih Türbesi Sk. 121/D6
Fatma Sultan C. Sk. 124/B1-2
Fenerli Kapı Sk. 127/E6
Feridiye Cad. 122/C1
Fethibey Cad. 126/A4
Fethiye Cad. 120/B-C4
Fetva Yokuşu Sk. 121/F-6
Fevzi Paşa Caddesi 120/A3-121/D6
Fevzi Paşa Caddesi 125/D1-F2
Fevziye Cad. 126/A3-4
Feyzullah Efendi Sk. 125/E-F3
Fil Yokuşu Sk. 121/E6
Fuat Paşa Caddesi 126/C3-4
Fütuhat Sk. 122/A5

G

Galata Köprüsü 122/B5-6
Galata Mumhanesi Cad. 122/B5-C4
Galip Dede Cad. 122/B4
Gaspıralı İsmail Sk. 124/C3
Gazhane Bostanı Sk. 123/D-E1
Gazi Sinanpaşa Sk. 127/D4
Gedikpaşa C. Sk. 126/C5-127/D5
Gedikpaşa Cad. 126/C4-5
Gençtürk Cad. 126/A3-4
Gökalp Ziya Sk. 124/C4-125/D4
Gühercile Sk. 124/A4
Güldalı Sk. 120/A2
Günaydın Sk. 124/B-C3
Güneşli Sk. 123/D3
Guraba Hast. Cad. 124/C2
Guraba Hastanesi Cad. 124/C2-125/D3
Güvenlik Cad. 126/A5
Güzel Sebzeci Sk. 125/D5

H

Hızır Çavuş Köprü Sk. 120/C3
Hızır Külhani Sk. 121/E-F6
Hacı Ahmet Karakolu Sk. 122/B1
Hacı Hüsrev Cad. 122/A1
Hacı İbrahim Sk. 120/C3-4
Hacı İsa Bostanı Sk. 120/C3
Hacı İza Sk. 120/C3
Hacı İzzet Paşa Sk. 123/E2
Hacı Evliya Camii Sk. 124/A3-4
Hacı Hamza Mektebi Sk. 124/A6
Hacı Isa Mekt. Sk. 120/C2-3
Hacı Kadın Cad. 121/E-F6
Hacı Kadın Çeş. Sk. 124/B-C6
Hacı Piri Cad. 124/A-B6
Hacı Zıhni Efendi Sk. 124/C4
Hakperest Sk. 125/E2-3
Halıcılar Cad. 125/E3
Haliç Cad. 121/D5-E4
Hallaç Hasan Sk. 124/B2
Hamalbaşı Cad. 122/B2-3
Hamam Odaları Çık. 124/B2
Hamidiye Cad. 127/D3
Hancı Değirmeni Sk. 124/A5
Hardal Sk. 123/D3
Harikzedeler Sk. 126/A4
Harput Sk. 122/A4
Hasırcılar Cad. 126/C2
Hasan Fehmi Paşa Cad. 120/B4-5
Haseki Cad. 125/D-E4
Haseki Kadın Sk. 125/D4-E5
Hasköy Cad. 121/D1-2
Hasnun Galip Sk. 122/C2
Hattat İzzet Sk. 121/D5-6
Hattat Nazif Sk. 121/D6
Havlucu Sk. 125/E3
Havuz Kapısı Cad. 122/A3
Havuzbaşı Değirmen Sk. 122/A3
Havva Ana Sk. 124/A5
Haydar Bey Sk. 125/F2-3
Haydar Cad. 121/E5-6
Hayriye Sk. 122/C3
Hayriye Tüccarı Cad. 126/A5
Hekimoğlu Ali Paşa Cad. 124/C5-125/D4
Hemşehri Sk. 126/A-B5
Hoca Ahmet Sk. 122/A3
Hoca Efendi Sk. 120/B-C6
Hoca Hanı Sk. 127/D3
Hoca Kadın Cad. 124/B6
Hocaçakır Cad. 120/A3-4
Hocaçakır Cad. 120/A-B3
Horhor Cad. 125/F3-4
Hortumcu Sk. 122/B-C1
Hüdavendigar Cad. 127/D-E3
Hükümet Konağı Sk. 127/D-E4
Hürriyet Meydanı 126/B4
Hüseyin Kâzım Sk. 124/C4
Hüseyin Remzi Bey Sk. 121/D4-5
Hüsrev Paşa Sk. 120/B-C6

I

Işıl Sk. 126/C6
Ibadullah Sk. 121/E2-F3
İbadethane Sk. 121/E6
İbni Kemal Cad. 127/D-E3
İbrahim Müteferrika Cad. 124/C3-125/D3
İbrahim Paşa Türbesi Sk. 124/A-B5
İbrahim Paşa Yok. 126/B5
İlk Belediye Cad. 122/B4
İlyas Çelebi Sk. 123/D3-4
İmran Öktem Cad. 127/D5
İncebel Sk. 121/D4
İnebolu Sokaği 123/E2-3
İnkilâp Cad. 125/F4-5
İnönü Caddesi 123/D-E2
İplikçi Sk. 122/A1
İshak Paşa Cad. 127/E4-F5
İskenderağa Camii Sk. 124/B3
İslambol Cad. 120/C6-121/D6
İsmail Ağa Cad. 120/C-D4
İsmail Sefa Sk. 126/A5
İstasyon Arkası Sk. 127/E3
İstiklâl Caddesi 122/B4-123/D2
İtfaiye Cad. 126/A2-3
İzci Türk Sk. 124/C6

K

K. Şişhane Sk. 122/C1
Kıble Çeşme Cad. 121/F6
Kınalızade Sk. 120/C6
Kırımi Çeşme Sk. 120/A-B2
Kırkambar Sk. 120/C2
Kırma Tulumba Sk. 125/F3
Kızılay Meyd. Cad. 122/A2
Kızanlık Cad. 125/F3
Kıztaşı Cad. 125/F3
Kaş Kaval Sk. 122/C1
Kabakulak Sk. 120/B5
Kabasakal Cad. 127/E5
Kadı Çeşmesi Sk. 121/D5-6
Kadı Mehmet Paşa Sk. 121/F2-3
Kadı Sk. 120/B-C5
Kadırga Limanı Cad. 126/C5
Kadırgalar Cad. 123/E-F1
Kadem Tekkesi Sk. 125/D6
Kadı Sk. 122/A1
Kadiriler Yk. 122/C3-4
Kahal Bağı Sk. 124/B1-C2
Kalburcu Mehmet Sk. 124/B2-3
Kale Dibi Sk. 124/A2-3
Kaleci Sk. 127/D6
Kalfa Sk. 120/A5
Kallavi Sk. 122/B3
Kalpakçı Çeşme Sk. 120/C3
Kalyoncu Kullugu Cad. 122/B1-2
Kasımpaşa Akarcası Sk. S122/A1-2
Kangal Sk. 121/D5
Kankardeş Sk. 122/A1
Kapanca Sk. 122/C1-2
Kara Keçili Sk. 125/D3
Kara Kurum Sk. 122/C1-2
Kara Sarıklı Sk. 121/D5-E4
Karabaş Veli Sk. 124/A4
Karadeniz Cad. 121/D5-E4
Karagöz Tekkesi Sk. 124/B4
Karaköy Meyd. 122/B5
Karakulak Sk. 124/B5
Karanfilli Çavuş Sk. 124/B2-3
Kariye İmareti Sk. 120/B3
Kariye Camii Sk. 120/B3
Kasımpaşa Hasköy Yolu Melez Sk. 121/D2-F3
Kasap Sk. 120/B3-4
Kasumpaşa Kabristanı Sk. 121/E2-F1
Katip Çelebi Cad. 126/A2-3
Katip Kasım Bostanı Sk. 125/E-F5
Katip Kasım Camii Sk. 126/A5
Katip Murat Camii Sk. 124/A3
Katip Müslihiddin Sk. 125/E4-5
Katip Sinan Sk. 126/C6-127/D5
Katmerli Sk. 122/C1
Kavalalı Sk. 125/F3
Kaya Cad. 120/B-C3
Kazancı Selim Sk. 120/C3
Kazancı Yokuşu 123/D2-3
Kazancıbaşı Camii Sk. 123/D2
Kazancılar Cad. 121/F6
Keçeci Meydanı Sk. 120/A5
Keçeciler Cad. 120/A5-C6
Kehribar Sk. 124/C6-125/D6
Kelebek Sk. 120/B4

Kemankeş Cad. **122/B-C5**
Kemeraltı Caddesi **122/B5-C4**
Kemikli Burun Sk. **124/A-B2**
Kenan Bey Sk. **126/B5**
Kennedy (Sahil Yolu) Caddesi **124/C6-127/E3**
Kepenekçi Sabunhanesi Sk. **121/F6**
Keramet Sk. **122/A-B2**
Keresteci Hakkı Sk. **127/E5-6**
Keresteci Sk. **124/B4**
Kirazlı Mescit Sk. **126/B2-3**
Kireçhane Sk. **122/C2**
Kiremit Cad. **120/C3-4**
Klodfarer Cad. **127/D5**
Koç Dibek Sk. **124/A6**
Koca Mustafa Paşa Cad. **124/B6-125/E5**
Koca Mustafa Paşa Çes. Sk. **124/B5-6**
Koca Sinan Cad. **120/B6**
Kolcubaşı Sk. **124/C2-3**
Korucu Sk. **120/A-B4**
Küçük Ayasofya Cad. **127/D6-E5**
Küçük Langa Cad. **125/E-F5**
Küçük Pazar Cad. **121/F6**
Küçük Saray Meydanı Cad. **124/B3**
Külâhlı Sk. **120/A4-B5**
Kulaksız Cad. **121/F1-2**
Kumbaracı Yokuşu **122/B-C4**
Kumkapı İst. Cad. **126/B6**
Kumkapı Meydani **126/C5**
Kumluk Sk. **126/C5-6**
Kumrulu Sk. **123/D3**
Kumrulu Yokuşu **123/D3**
Kurabiye Sk. **122/C-123/D2**
Kurdele Sk. **122/B1-2**
Kürkçü Bostanı Sk. **124/B-C2**
Kürkçü Çeşmesi Sk. **120/B-C3**
Kürkçübaşı Çeşmesi Sk. **125/E5**
Kürkçübaşı Külhanı Sk. **125/E5**
Kurt Çeşmesi Cad. **120/B-C4**
Kurtoğlu Sk. **122/B1**
Kuru Çınar Sk. **120/A4**
Kuru Sebil Sk. **124/C5**
Kurultay Sk. **126/A-B4**
Kutlu Sk. **123/D2**
Kutlugün Sk. **127/E5**
Kuvayı Miliye Cad. **124/C5-6**
Kuzukulağı Sk. **122/C1**

L

Lalezar Sk. **124/A5-B4**
Lalizade Sk. **124/A-B3**
Lamartin Cad. **123/D1**
Langa Bostanları Sk. **125/F5**
Liva Sk. **122/C3-123/D3**
Londra Asfalti **124/A2**
Lüleci Hendek Cad. **122/B5-C4**
Lütfü Paşa Sk. **125/D3**

M

Mıhcılar Cad. **121/D6**
Mabut Sk. **121/F2**
Maç Billurcu Sk. **122/C3-123/D2**
Macar Kardeşler Caddesi **125/F2-3**
Madırga Sk. **122/C1**
Mahfil Sk. **126/A4**
Mahkeme Altı Cad. **120/C2**
Mahmut Paşa Mahk. Sk. **127/D4**
Mahmutpaşa Yokuşu **126/C3-127/D4**
Maliye Cad. **122/B-C5**
Manyasizade Cad. **120/C4**
Marifetname Sk. **124/B1**
Marmara Cad. **124/B6-C5**
Marul Sk. **120/B1-2**
Meşeli Mescit Sk. **124/B5**
Meşelik Sk. **123/D2**
Meşrutiyet Cad. **122/B3-4**
Mebusan Yokuşu **123/D-E3**
Mecit Bey Sk. **124/B-C4**
Meclisî Mebusan Cad. **122/C4-123/D4**
Meclisî Mebusan Caddesi **123/E2-3**
Mehmet Efendi Çeş. Sk. **124/B2**
Mehmet Yokuşu **127/D5**
Melek Hoca Cad. **120/A5-B4**
Mercan Cad. **126/C3**
Merkez Efendi Cad. **124/A2-3**
Mescit Sk. **124/A2**
Mesih Paşa Cad. **126/A4-B5**
Mesrevihane **120/C-D4**
Mete Cad. **123/D1-2**
Mevlanakapı Cad. **124/A3-B4**
Mevlanakapı-Topkapı Yolu **124/A2-3**
Midilli Sk. **122/B5**
Mimar Kasım Cad. **124/A3-B4**
Mimar Kemalettin Cad. **127/D3**
Mimar Mehmet Ağa Cad. **127/E5**
Mimar Sinan Cad. **126/B2-C3**
Miraç Sk. **120/C3**
Miralay Şefik Bey Sk. **123/D1-E2**
Mis Sk. **122/C2**
Mismarcı Sk. **121/D4**
Mithatpaşa Cad. **126/B4-5**
Molla Bayırı Sk. **123/E2-3**
Molla Gürani Cad. **125/D4-E3**
Molla Hüsrev Sk. **125/E-F3**
Molla Şakir Sk. **120/C2**
Mollataşı Cad. **126/A-B5**
Mucit Sk. **125/D4-5**
Müdafayı Milliye Cad. **124/B-C6**
Müellif Cad. **122/B4**
Münif Paşa Sk. **125/D4**
Münif Paşa **125/D4**
Murat Molla Cad. **120/C3-4**
Murat Paşa Sk. **125/E4**
Mürsel Paşa Caddesi **120/C-121/D3**
Mustafa Kemal Caddesi **125/F4-6**
Mustafa Paşa Bostanı **120/B1-C2**
Mutaflar Sk. **121/D6**
Mutemet Sk. **120/C6**
Mütercim Asım Sk. **120/C5**

N

N. Hanım Sk. **122/A-B4**
Nıyazi Mısrı Sk. **120/A4**
Nakibul Eşref Sk. **125/D3-E4**
Nakilbent Sk. **127/D5-6**
Naksi Sk. **125/E4-5**
Nalıncı Bayırı Sk. **121/F2**
Nalıncı Cemal Sk. **121/E4-5**
Namık Kemal Caddesi **125/F4-6**
Namazgah Sk. **120/A2**
Neşter Sk. **120/A-B3**
Necatıbey Caddesi **122/B5-C4**
Necatibey Caddesi **122/C4-123/E3**
Nevşehirli İbrahim Paşa Cad. **121/D5-6**
Neva Sk. **122/A3**
Neviye Sk. **126/C5**
Neyzenler Sk. **120/A4-5**
Nişanca Bostan Sk. **126/A-B5**
Nişastahane Sk. **124/A4**
Nöbethane Cad. **127/E3**
Norova Sk. **124/C2**
Nurettin Tekkesi Sk. **120/B-C4**
Nüri Ziya Sk. **122/B-C3**
Nuruosmaniye Cad. **127/D4**

O

Ocaklı Sk. **120/C6**
Okçu Musa Caddesi **122/B4-5**
Öksüzler Sk. **125/E3**
Ömer Efendi Sk. **121/D-E6**
Ömer Hayyam Cad. **122/B1-2**
Ord. Prof. Cemil Bilsel Cad. **126/C2-3**
Ordu Caddesi **126/A-B4**
Orgeneral Abdurrahman Nafiz Gürman Cad. **124/C6-125/D6**
Ortakçılar Mescidi Sk. **120/A2**
Oruç Sk. **125/F3-4**
Örücüler Cad. **126/C3**
Osmanlı Sk. **123/D2**
Oya Sk. **122/B-C1**
Oyuncu Sk. **127/E6**
Özbek Süleyman Efendi Sk. **125/D4**
Özbekler Sk. **126/C5-127/D5**
Oğul Sk. **127/D-E6**

P

P. Pazarı Cad. **122/B5**
Paşa Bakkal Sk. **122/C1-2**
Paşa Çeşmesi Yokuşu **121/F3**
Paşa Hamamı Sk. **120/B2-3**
Paşa Kapısı Cad. **121/F2-3**
Paşa Odaları Cad. **124/A2-B1**
Paşalı Hasan Sk. **122/A1**
Palaska Sk. **122/C3**
Pazar Tekkesi Sk. **124/B-C2**
Percemli Sk. **122/B5**
Peykhane Sk. **127/D5**
Pişmaniye Sk. **122/A2**
Pir Hüsameddi Sk. **122/B1**
Piyale Paşa Bulvarı **122/A1**
Piyerloti Cad. **126/C5-127/D5**
Prof. K. İsmail Gürkan Cad. **127/D4**
Prof. Naci Sensoy Cad. **120/A4-B5**
Prof. Sıddık **126/B3**

R

Rıhtım Cad. **122/B-C5**
Ragıp Bey. Sk. **125/E3-F4**
Ragıp Gümüşpala Caddesi **121/F5-6**
Reşadiye Caddesi **127/D2**
Refik Saydam Caddesi **122/A4-B3**
Riza Bey Sk. **123/E2-3**

S

Sınan Paşa Sk. **121/F1**
Sırrı Paşa Sk. **124/C4-5**
Sadi Paşa Sk. **125/E4**
Sadri Alışık Sk. **122/C2-3**
Sait Efendi Sk. **126/A4**
Sakızağacı Cad. **122/C1-2**
Sakalar Yok. **120/B2**
Salih Paşa Cad. **121/E5**
Salma Tomruk Cad. **120/B3-4**
Samancı Ferhat Cad. **122/B2**
Samatya Cad. **125/E5-6**
Samatya Sahil Sk. **125/D-E6**
Sami Onar Cad. **126/B-C3**
Sami Paşa Sk. **125/D-E4**
Sanatkarlar Cad. **122/C4-123/D4**

STRASSENREGISTER

Sanatkarlar Mekt Sk. 122/C4-123/D4
Sarı Beyazıt Cad. 121/E-F6
Sarı Güzel Cad. 120/C6
Sarı Musa Sk. 125/D4-E3
Sarı Nasuh Sk. 120/B-C6
Saray Arkası Sk. 123/D3-E2
Saray Ağası Cad. 120/B5-C4
Saray Meydanı Cad. 124/B3
Sarmaşık Sk. 120/A4
Savaklar Caddesi 120/A3-B1
Sazlıdere Caddesi 122/C1-123/D1
Selamağası Sk. 124/B3
Selçuk Sultan C. Sk. 125/E3-4
Selim Sabit Sk. 124/C3-125/D3
Selime Hatun Camii Sk. 123/D2-3
Sena Sk. 120/B4
Serdar Ömer Paşa Sk. 122/C1
Serdar-I Ekrem Sk. 122/B4
Seyfullah Efendi Sk. 124/B4-5
Silivrikapı Cad. 124/A-B5
Silivrikapı Hisaraltı Sk. 124/A5-6
Silivrikapı Yağhanesi Sk. 124/B4-5
Silivrikapı-Mevlanakapı (Onuncu Yıl Caddesi) 124/A3-5
Simkeş Camii Sk. 124/A2-B3
Sinan Camii Sk. 121/D-E5
Sipahi Fırnı Sk. 122/A2-3
Sıraselviler Cad. 123D2-3
Sirkeci İstasyon Cad. 127/D-E3
Siyavuşpaşa Sk. 126/C3
Sobacılar Caddesi 126/C2
Sofalı Çeşme Sk. 120/A5-B4
Softa Sinan Sk. 125/E3-4
Sofular Cad. 125/E4-F2
Sofyalı Sk. 122/B3-4
Somuncu Sk. 123/D3
Sorguçcu Sk. 125/F4
Sormagir Sk. 123/D2-3
Soğan Ağa Camii Sk. 126/B4-5
Soğancı Sk. 123/D3
Soğuk Tulumba Sk. 121/D4
Soğukçeşme Sk. 127/E4
Sulak Ceşme Sk. 123/E2
Süleymaniye Cad. 126/B3
Süleymaniyelmareti Sk. 126/B2-3
Sultan Çeşme Cad. 120/B3
Sultan Mektebi Sk. 127/D4
Sultan Selim Cad. 120/C-D4
Sulu Bostan Sk. 125/E5
Sulukule Cad. 124/B1
Sunullan Efendi Sk. 120/C2
Susam Sk. 123/D3
Süslü Saksi Sk. 122/C2
Şahkulu Bostanı Sk. 122/B4
Şair Baki Sk. 121/E4
Şair Cem Sk. 120/B6
Şair Haşmet Sk. 126/A-B4
Şair Sermet Sk. 126/C6
Şair Ziya Paşa Cad. 122/B4-5
Şarapnel Sk. 126/B5-6
Şebnem Sk. 121/D5
Şehin Şah Pehlevi Cad. 127/D3
Şehit Paşa 127/D5
Şehit Pilot Mahmut Nedim Sk. 125/E4
Şehsuvarbey Sk. 126/C5-6
Şehzadebaşı Caddesi 126/A3-B4
Şekerci Sk. 125/F4
Şemsettin Sk. 126/B2
Şeyh Eyüp Sk. 120/B3
Şeyh Veli Sk. 121/F2-3
Şeyhülislam Sk. 124/B1-2
Şişehane Cad. 120/B2-3
Şifahane Sk. 126/B2-3
Şirket Sk. 122/B1

T

Taşkışla Cad. 123/D-E1
Tabak Yunus Sk. 121/D-E4
Tahmis Cad. 126/C3-127/D2
Tahtakadı Sk. 122/A2
Tahtakale Cad. 126/C2-3
Tak-İ-Zafer Cad. 123/D2
Taksim Cad. 122/C-123/D1
Taksim Cumhuriyet Meydanı 123/D2
Taksim Fırını Sk. 122/C2-123/D1
Tarakçı Cafer Sk. 127/D3-4
Tarlabaşı Bulvarı 122/B2-3
Tatıpınar Sk. 124/C2
Tatlı Kuyu Hamamı Sk. 126/B-C5
Tatlı Sk. 122/A3-4
Tatlıcı Sk. 120/B3
Tavşantaşı Sk. 126/B4-5
Tavasi Çeşme Sk. 126/B5-6
Tavukhane Sk. 127/D-E5
Taya Hatun Sk. 127/E3-4
Teşrifatçi Sk. 122/B-C1
Teccedut Sk. 125/F4
Tekke Maslağı Sk. 124/A-B5
Tekkuyu Sk. 122/B-C2
Tepebaşı Akarca Sk. 122/A-B3
Tepebaşı Cad. 122/A-B3
Terbıyık Sk. 127/E5
Tercüman Yunus Sk. 120/C4
Tersane Cad. 122/A5
Terzihane Sk. 127/D5
Tetimmeler Cad. 121/D6
Tevfik Fikaret Sk. 125/D4-5
Tevkii Cafer Mektebi Sk. 120/C3-D4
Tezgahcılar Sk. 121/D6
Tiyatro Cad. 126/B5-C4
Tomrukçu Sk. 125/D3-E4
Tomtom Kaptan Sk. 122/B-C3
Topçu Cad. 123/D1
Topçu Emin Bey Sk. 125/D4-5
Topçu 123/D1
Tophane İskelesı Cad. 122/C4-5
Topkapı Bostanı Sk. 124/B2
Topkapı Bostanı 124/B1-2
Topkapı Cad. 124/B1-2
Topkapı Karakolu Sk. 124/B2-3
Topkapı-Erdinekapı Caddesi 124/A2-B1
Torun Sokağı 127/E5
Tozkoparan Mezarlık Sk. 122/B3
Tülcü Sk. 126/C5
Tulumbacı Sıtkı Sk. 122/C4
Turşucu Halil Sk. 121/D6
Turabi Baba Sk. 122/A3
Turan Sk. 122/C1
Turanlı Sk. 126/B4-5
Türbedar Sk. 127/D4
Turgut Özal Bulvarı (Millet Caddesi) 124/A2-C3
Türkçü Sk. 124/C4-125/D4
Türkeli Çıkmazı 126/A-B5
Türkeli Cad. 126/A-B5
Türkgücü Cad. 122/C3-4
Türkistan Sk. 120/A5-B4
Türkocağı Cad. 127/D3-4
Turnacı Başı Sk. 122/C3

U

Üçler Sk. 127/D5
Ülker Sk. 123/D2
Ulubatlı Hasan Sk. 120/B2-3
Üniversite Cad. 126/B-C4
Üsküplü Cad. 121/E5
Utangaç Sk. 127/E5
Uygar Sk. 125/D3
Uygur Sk. 122/C1
Uzun Yol Sk. 120/A4-B5
Uzun Yusuf C. Sk. 124/B4
Uzunçarşı Cad. 126/C2-3

V

Vani Dergahı Sk. 124/B4-5
Vasıf Çınar Cad. 126/C3
Vatandaş Sk. 125/E2-3
Vatanperver Sk. 125/E2-3
Vefa Cad. 126/B2-3
Veil Sk. 124/B3-4
Velet Çelebi Sk. 124/C4-125/D4
Vezir Kahya Sk. 120/B2
Vezirhanı Cad. 127/D4
Vezneciler Cad. 127/B4
Vidin Cad. 124/B5
Vidinli Tevfik Paşa Cad. 126/A-B4
Vişneli Tekke Sk. 123/F1
Vişnezade Camii Önü Sk. 123/F1
Vodina Cad. 120/C3-121/D3
Voyvoda Cad. 122/B5

Y

Yıldırım Cad. 120/C3-121/D3
Yalı Köşkü Cad. 127/D2-3
Yamak Sk. 120/B5-6
Yanikkapı Sk. 122/A4-B5
Yatağan Hamamı Sk. 120/B-C2
Yatağan Hamamı 120/B-C2
Yatağan Sk. 120/B2
Yavedut Caddesi 120/B1
Yavuz Selim Cad. 120/C5-121/D4
Yaya Köprüsü Sk. 122/B1
Yayla Cad. 124/B-C4
Yaylak Sk. 124/B-C4
Yağlıkçılar Cad. 126/C3-4
Yeşil Tekke Sk. 125/F3
Yeşil Tulumba Sk. 126/A4
Yedi Emirler Cad. 120/C5-6
Yedi-Kuyular-Caddesi 122/C1-123/D1
Yener Tosyalı Cad. 126/A-B3
Yeni Bahçe Deresi Cad. 120/A5
Yeni Kafa Sk. 122/C1
Yeni Yuva Sk. 122/C3-123/D3
Yeniçarşı Cad. 122/C3
Yeniçeriler Caddesi 127/B4-D5
Yenikapı Kumsalı Sk. 125/E-F6
Yerebatan Cad. 127/E4
Yesarizade Cad. 121/D5-6
Yirmi Sekiz Çelebi Sk. 125/D3
Yokuş Çeşme Sk. 125/D-E5
Yolcuzade İskender Caddesi 122/A-B4
Yolgeçen Bostanı Sk. 120/B6
Yoğurtçu Sefik Sk. 124/B1-2
Yüksek Kaldırım Cad. 122/B4-5
Yusuf Aşkın Sk. 126/C6-127/D5
Yusufçuk Sk. 124/B4
Yüzbaşı Sabahattin Evren Cad. 122/A-B5

Z

Zeynel Ağa Sk. 120/A5
Zeyrek Cad. 121/E6
Zeyrek Mehmet Paşa Sk. 121/E6
Zincirli Han Sk. 122/B5
Zülüflü Sk. 120/C3-4

KARTENLEGENDE

- Museum
- Theater, Oper
- Information
- Moschee
- Kirche
- Synagoge
- Krankenhaus
- Polizei
- Post
- Bibliothek
- Denkmal
- Internationaler Flughafen
- Parkplatz
- Parkhaus
- Türkisches Bad
- Straßenbahn mit Station
- U-Bahn mit Station
- U-Bahn in Bau
- Fähre
- Bemerkenswertes Gebäude
- Öffentliches Gebäude
- Grünfläche
- Unbebaute Fläche
- Fußgängerzone

Stadtspaziergänge

FÜR IHRE NÄCHSTE REISE

gibt es folgende MARCO POLO Titel:

DEUTSCHLAND
Allgäu
Amrum/Föhr
Bayerischer Wald
Berlin
Bodensee
Chiemgau/Berchtesgadener Land
Dresden/Sächsische Schweiz
Düsseldorf
Eifel
Erzgebirge/Vogtland
Franken
Frankfurt
Hamburg
Harz
Heidelberg
Köln
Lausitz/Spreewald/Zittauer Gebirge
Leipzig
Lüneburger Heide/Wendland
Mark Brandenburg
Mecklenburgische Seenplatte
Mosel
München
Nordseeküste Schleswig-Holstein
Oberbayern
Ostfriesische Inseln
Ostfriesland/Nordseeküste Niedersachsen/Helgoland
Ostseeküste Mecklenburg-Vorpommern
Ostseeküste Schleswig-Holstein
Pfalz
Potsdam
Rheingau/Wiesbaden
Rügen/Hiddensee/Stralsund
Ruhrgebiet
Schwäbische Alb
Schwarzwald
Stuttgart
Sylt
Thüringen
Usedom
Weimar

ÖSTERREICH | SCHWEIZ
Berner Oberland/Bern
Kärnten
Österreich
Salzburger Land
Schweiz
Tessin
Tirol
Wien
Zürich

FRANKREICH
Bretagne
Burgund
Côte d'Azur/Monaco
Elsass
Frankreich
Französische Atlantikküste
Korsika
Languedoc-Roussillon
Loire-Tal
Nizza/Antibes/Cannes/Monaco
Normandie
Paris
Provence

ITALIEN | MALTA
Apulien
Capri
Dolomiten
Elba/Toskanischer Archipel
Emilia-Romagna
Florenz
Gardasee
Golf von Neapel
Ischia
Italien
Italienische Adria
Italien Nord
Italien Süd
Kalabrien
Ligurien/Cinque Terre
Mailand/Lombardei
Malta/Gozo
Oberital. Seen
Piemont/Turin
Rom
Sardinien
Sizilien/Liparische Inseln
Südtirol
Toskana
Umbrien
Venedig
Venetien/Friaul

SPANIEN | PORTUGAL
Algarve
Andalusien
Barcelona
Baskenland/Bilbao
Costa Blanca
Costa Brava
Costa del Sol/Granada
Fuerteventura
Gran Canaria
Ibiza/Formentera
Jakobsweg/Spanien
La Gomera/El Hierro
Lanzarote
La Palma
Lissabon
Madeira
Madrid
Mallorca
Menorca
Portugal
Sevilla
Spanien
Teneriffa

NORDEUROPA
Bornholm
Dänemark
Finnland
Island
Kopenhagen
Norwegen
Schweden
Stockholm
Südschweden

WESTEUROPA | BENELUX
Amsterdam
Brüssel
Dublin
England
Flandern
Irland
Kanalinseln
London
Luxemburg
Niederlande
Niederländische Küste
Schottland
Südengland

OSTEUROPA
Baltikum
Budapest
Estland
Kaliningrader Gebiet
Lettland
Litauen/Kurische Nehrung
Masurische Seen
Moskau
Plattensee
Polen
Polnische Ostseeküste/Danzig
Prag
Riesengebirge
Russland
Slowakei
St. Petersburg
Tallinn
Tschechien
Ungarn
Warschau

SÜDOSTEUROPA
Bulgarien
Bulgarische Schwarzmeerküste
Kroatische Küste/Dalmatien
Kroatische Küste/Istrien/Kvarner
Montenegro
Rumänien
Slowenien

GRIECHENLAND | TÜRKEI | ZYPERN
Athen
Chalkidiki
Griechenland Festland
Griechische Inseln/Ägäis
Istanbul
Korfu
Kos
Kreta
Peloponnes
Rhodos
Samos
Santorin
Türkei
Türkische Südküste
Türkische Westküste
Zakinthos
Zypern

NORDAMERIKA
Alaska
Chicago und die Großen Seen
Florida
Hawaii
Kalifornien
Kanada
Kanada Ost
Kanada West
Las Vegas
Los Angeles
New York
San Francisco
USA
USA Neuengland/Long Island
USA Ost
USA Südstaaten/New Orleans
USA Südwest
USA West
Washington D.C.

MITTEL- UND SÜDAMERIKA
Argentinien
Brasilien
Chile
Costa Rica
Dominikanische Republik
Jamaika
Karibik/Große Antillen
Karibik/Kleine Antillen
Kuba
Mexiko
Peru/Bolivien
Venezuela
Yucatán

AFRIKA | VORDERER ORIENT
Ägypten
Djerba/Südtunesien
Dubai/Vereinigte Arabische Emirate
Israel
Jerusalem
Jordanien
Kapstadt/Wine Lands/Garden Route
Kapverdische Inseln
Kenia
Marokko
Namibia
Qatar/Bahrain/Kuwait
Rotes Meer/Sinai
Südafrika
Tunesien

ASIEN
Bali/Lombok
Bangkok
China
Hongkong/Macau
Indien
Indien/Der Süden
Japan
Ko Samui/Ko Phangan
Malaysia
Nepal
Peking
Philippinen
Phuket
Rajasthan
Shanghai
Singapur
Sri Lanka
Thailand
Tokio
Vietnam

INDISCHER OZEAN | PAZIFIK
Australien
Malediven
Mauritius
Neuseeland
Seychellen
Südsee

REGISTER

Im Register finden Sie alle in diesem Reiseführer beschriebenen Sehenswürdigkeiten, Museen und Ausflugsziele. Halbfette Seitenzahlen verweisen auf den Haupteintrag, kursive auf ein Foto.

360° Istanbul 5, **63**, 103
Adalar s. Prinzeninseln
Ägyptischer Basar **36f**, 70
Ağva **94**
Ahrida-Synagoge 99
Alexandersarkophag **26**
Altstadt 18, **36ff**
Anadolu Kavağı 104, 106
Archäologisches Museum (Arkeoloji Müzesi)5, **26f**
Arnavutköy **54,** *55*, 106
At Meydanı s. Hippodrom
Atatürk, Kemal 11, 18, 46
Aya Irini 20f, 33
Ayasofya s. Hagia Sophia
Babylon 13, **83**, 100
Bagdad-Allee 10
Bağdat Caddesi 72
Balat 96ff
Bebek 11, 21, 65, 69, 80, 82, 88
Beşiktaş (Fußball) 32, 103
Beşiktaş (Viertel) 104, 112
Beyazıt *11*, 46, 111
Beyazıt-Moschee (Beyazıt Camii) 41f.
Beylerbeyi-Palast (Beylerbeyi Sarayi) **54**
Beyoğlu *8*, 13ff, 20, **44ff,** 47, 54f, *64*, 71, **99ff,** 103, 140
Biennale 21, 32
Blaue Moschee *1*, *3*, 5, 10, **28f**, 140
Bodrum 21
Boğaziçi 54, **104ff**
Bosporus *3*, 5, *6*, 8, 9,10, 14, **16f**, *19*, 34, 78, *94*, 102, **104ff**
Bostancı 10
Bozdoğan Kemeri s. Valens-Aquädukt
Bulgar Kilisesi s. Sankt-Stephans-Kirche
Byzanz 8, 9, 11, 16, **18**, 31, 40
Burgazada 106f
Büyükada 94, 106f
Çadır-Pavillon 50
Çamlica-Hügel **51**
Çemberlitaş s. Konstantinssäule
Christen 4, 18f., 25, 29f, 39f, 55, **96ff**
Chora-Kirche 4, **37ff**, 99
Çiçek Pasaji 65, 101
Çinili Köşk s. Fayencenmuseum
Cumhuriyet Anıtı s. Denkmal der Republik
Darphane-i Amire s. Die Münze
Denkmal der Republik 49
Deniz Müzesi s. Schifffahrtsmuseum
Derwische 20, 48, 100
Die Münze **32**
Dolmabahçe-Palast (Dolmabahçe Sarayı) **45f**, 56, 104
Dolphinarium 95
Eminönü 34, 51, 70, 96, 104, 108, 111
Emirgan Parkı **58**
Eski Şark Eserli Müzesi s. Museum für altorientalische Kunst
Etiler 15, 71, 95
Eyüp 34, **40**
Fatih-Moschee (Fatih Camii) **40f**
Fayencenmuseum **27**
Fener **96ff**
Fenerbahçe 32, 103
Fenerbahçe Plaji 95
Feruh Kethüda Camii 99
Fetih-Pascha-Park (Fetih Paşa Korusu) **52**
Formel Eins 32
Frauenbibliothek 98
Fußball 32, 103
Galata-Brücke *78*
Galata Mevlevihanesi s. Mevlevi-Kloster
Galatasaray 32, 103
Galatasaray Balık Pazarı **77**
Galatasaray-Gymnasium 48f, 61, 98
Galata-Turm (Galata Kulesi) 4, 21, 42, **46,** *60*, 79, 85, 99f., *98*
Gewürzbasar **38f**, 70
Goldenes Horn 8, 34, 36, 95, 96, 99
Goldenes Tor 44
Griechisch-Orthodoxes Patriarchat 96f.
Griechisches Mädchengymnasium 98
Großer Basar 4, 36, **41f**, *20*, *68*, 70, 140
Gülhane-Park 32
Hagia Sophia 4, 8, 9, 10, 18, 24, **29f**
Hamams 55, 99, 102
Haydarpascha-Bahnhof (Haydarpaşa Garı) **52**
Heybeliada 106f.
Hippodrom **31**
Islam **23,** 44
İsnik-Kacheln *4*, **7f,** 20
İstanbul Modern 5, **46**
İstiklal Caddesi *8*, 20, 21, **46f,** 78, 79, 100, 101
Kabataş 10, 34, 106f, 108, 110
Kadıköy 10, 20, 78, 106, 112
Kanlıca 106f
Kapalı Çarsı s. Großer Basar
Kariye Camii 99
Kelims 72, 76f
Kilyos 95
Kirche der Heiligen Maria von den Mongolen 98
Kınalıada 106f.
Kız Kulesi s. Leanderturm
Konstantinopel 11, **18,** 30, **96ff**
Konstantinssäule **42**
Kopftuch 18, *43*
Kuzgunuk **52**
Kuruçesme 78f
Leanderturm *2*, *52*, 53, **56**, 104
Malta Köşkü 50
Marmara 217
Marmarameer 8, 9, 10, 14, 28, 34, 36, 94, 106
Mirimah-Sultan-Moschee (Mirimah Sultan Camii) *53*
Mısır Çarsısı s. Ägyptischer Basar
Mevlevi-Kloster 20, **48**, 100
Modern Sanat Müzesi s. Istanbul Modern
Mohini (Kinderparadies) 95
Molla Askı Camii 99
Molla Zeyrek Camii s. Pantokrator-Kloster
Mosaikmuseum (Mozaik Müzesi) **31f**
Museum für Altorientalische Kunst **26f**
Museum der Diwanliteratur **48**
Nışantaşı **48**, 71
Ortaköy **56,** 78
Ortaköy-Moschee (Ortaköy Camii) 56
Osmanen 4, 9. 10, 22f., 29, 32f., *41*, 43, 46, *54*, 56, 57, 76, **96ff**, 105f.
Pantokratoru-Kloster **42**
Pendik-Marina 14
Pera (Viertel) **44f**
Pera-Museum **49**
Pera Palas 101
Prinzeninseln 5, 82, 87, 95, **106ff**
Rahmi-Koç-Industriemuseum (Rahmi Koç Sanayi Müzesi) **95**
Rumeli-Festung (Rumeli Hisari) **56**
Sabancı-Museum 57
Sankt-Anton-Kirche 101
Sankt-Stephans-Kirche 98
Santral (Mus. f. Energie) 13
Sarıyer 106
Schifffahrtsmuseum **49**
Schwarzes Meer 14, 95
Sedef Adası 106f
Şemsi-Pascha-Moschee (Şemsi Paşa Camii) **53f**

Şişli 71
Stadtmauern **42**
Süleymaniye-Moschee (Süleymaniye Camii) *22*, 36, 40, **42f**
Süreyya 85
Sultanahmet 10, **25**, 46, 70, 86, 108, 109, 111
Sultanahmet Camiii s. Blaue Moschee
Surlar s. Stadtmauern
Surup-Hiresdagabad-Kirche 99
Synagoge Ahrida 99
Taksim (Platz) **44f**, 47, *48*, **49**, 101
Taksim (Viertel) 34, **44ff**, 102
Teegärten 28, 43, 53, 99
Tekfur Sarayı 99
Teppiche 72, 76f
Teşvikiye 71
Teutonia 100
Theodosianische Landmauer s. Stadtmauern
Tophane-Brunnen (Tophane Çesmesi) **49**
Topkapı-Palast (Topkapı Sarayı) *2*, 4, 9, 10, 21, 27, *53*, **32f**, 34, 64
Tünel 10, 13, 47, 100
Üc Horan 101
Üsküdar 18, 34, **51ff**, 112
Valens-Aquädukt 34, **43f**
Yedikule **44**
Yerebatan-Zisterne (Yerebatan Sarayı) 4, **35f**
Yıldız-Anlage (Yildiz Parkı/Yıldız Sarayı) 49f

> SCHREIBEN SIE UNS!

Liebe Leserin, lieber Leser,

wir setzen alles daran, Ihnen möglichst aktuelle Informationen mit auf die Reise zu geben. Dennoch schleichen sich manchmal Fehler ein – trotz gründlicher Recherche unserer Autoren/innen. Sie haben sicherlich Verständnis, dass der Verlag dafür keine Haftung übernehmen kann.

Wir freuen uns aber, wenn Sie uns schreiben.

Senden Sie Ihre Post an die MARCO POLO Redaktion, MAIRDUMONT, Postfach 31 51, 73751 Ostfildern, info@marcopolo.de

IMPRESSUM

Titelbild: Blaue Moschee und Bosporus (Corbis: Kristi J. Black)
Fotos: Bilderberg: Bossemeyer (3 M.); Cok Cok Tepebası: Ahmet Acacglu (15 u.); Corbis: Kristi J. Black (1); Katja Dilthey (15 M.); ©fotolia.com: bambam10 (102 u. r.), jchambers (102 o. l.), João Freitas (14 o.), Kasiunia (102 M. r.), Diana Kosaric (103 u. r.), Sander van de Wijngaert (103 M. r.); Ipek Gorgun (14 u.); R. Hackenberg (4 r., 20, 29, 107, 109); Huber: Schmid (6/7, 38/39, 52); If Istanbul (12 u.); ©iStockphoto.com: Murat Sen (13 u.); Klub Karaoke (103 o. l.); Laif: Butzmann (66, 92, 94/95); Laif: Kimmig (48, 75, 100); Laif: Tophoven (57, 77, 98); Laif: Türemis (4 l., 21, 47, 80, 83, 96/96); La Terra Magica: Lenz (U.M.); H. Leue (43); Look: Pompe (84); Mauritius: Bibikow (64); Mauritius: Kord (5), Raga (U.r.), Truffy (3 l.); Laif/onlocation: Keribar (20/21); D. Renckhoff (22/23, 26, 30/31, 40, 41, 44, 54, 68); santralistanbul (13 o.); T. Stankiewicz (U.l., 8/9, 11, 28, 33, 34/35, 46, 51, 58/59, 72, 86/87, 88, 94, 104/105, 118/119); Stumpe (16/17, 70/71, 78/79,91, 95); K. Thiele (2 r.); Visum: Arnold (3 r., 60); Ayla Yildiz (12 o., 15 o., 102 M. l., 103 M. l.); Dilek Zaptçioğlu und Jürgen Gottschlich (138); Zefa: Taner (2 l.); 360° Istanbul (63)

5. (12.), aktualisierte Auflage 2009

Chefredakteurin: Michaela Lienemann, Marion Zorn
Autoren: Dilek Zaptçioğlu, Jürgen Gottschlich; Redaktion: Jochen Schürmann
Programmbetreuung: Silwen Randebrock; Bildredaktion: Gabriele Forst
Szene/24h: wunder media, München
Kartografie Reiseatlas: © DuMont Reisekartografie, D-82256 Fürstenfeldbruck; MAIRDUMONT, D-73751 Ostfildern
Innengestaltung: Zum goldenen Hirschen, Hamburg; Titel/S. 1–3: Factor Product, München
Sprachführer: in Zusammenarbeit mit Ernst Klett Sprachen GmbH, Stuttgart, Redaktion PONS Wörterbücher

Printed in Germany. Gedruckt auf 100% chlorfrei gebleichtem Papier

> UNSERE AUTOREN

Ein Interview mit den MARCO POLO Insidern Dilek Zaptçıoğlu und Jürgen Gottschlich

Das Journalistenpaar Dilek Zaptçıoğlu und Jürgen Gottschlich lebt und arbeitet seit acht Jahren in İstanbul. Während die türkischstämmige Autorin keine Eingewöhnungsprobleme hat, übt Partner Gottschlich fleißig Türkisch: „Eine echte Herausforderung!"

Wieso leben Sie in İstanbul?

Wir sind ein deutsch-türkisches Paar, das nach langer Zeit in Deutschland vor ca. zehn Jahren nach İstanbul gewechselt ist. Dilek Zaptçıoğlu kennt diese Stadt als gebürtige İstanbulerin sehr gut, und Jürgen Gottschlich hat ein sehr gutes Auge für alles Neue.

Wie geht es Ihnen dort?

Als Heimatland für einen von uns war es für den anderen natürlich spannend, das Land kennenzulernen. Wir sind hier mittlerweile fest verankert, sowohl was die Arbeit betrifft, als auch die Schule für unseren Sohn. Es geht uns gut hier, journalistisch ist immer etwas zu tun, und İstanbul ist eine ungemein interessante und zauberhafte Stadt!

Nie wieder Deutschland also?

Wir stellen uns vor, immer mal zwischen unseren beiden Heimatländern hin und her zu pendeln. Das machen wir jetzt schon so, und das entspricht auch unseren Biographien! Man vermisst immer den Ort, an dem man gerade nicht sein kann.

Kommen Sie viel in İstanbul herum?

Ja, schon von Berufs wegen – wir arbeiten als Journalisten für Rundfunkanstalten und Zeitungen, schreiben Bücher, sind also viel unterwegs. In İstanbul ist die Fähre unser bevorzugtes Fortbewegungsmittel – schnell, sauber und märchenhaft, wenn gerade die Sonne über dem Topkapı-Palast untergeht!

Und was machen Sie in Ihrer Freizeit?

Bei uns lassen sich Arbeit und Freizeit schlecht trennen, die Lust am Reisen verbindet für uns beides. In İstanbul kann man aber auch gut Sport treiben, nicht nur in einem der zahlreichen Gyms, sondern auch im Umland: schwimmen, radeln, spazieren gehen. Dileks Hobbys sind Sterne gucken und angeln. Jürgen radelt gerne.

Mögen Sie die türkische Küche?

Sehr, vor allem die Vorspeisenteller im Fischrestaurant. In İstanbul gibt es inzwischen auch die Weltküche. Dennoch ist das beste Essen immer noch ein gegrillter frischer Fisch auf der eigenen Terrasse!